论语中的积极心理学

积极心理学

论语中的

小学版

聂细刚 李莹 主编

清华大学出版社
北京

图书在版编目（CIP）数据

论语中的积极心理学：小学版 / 聂细刚，李莹主编 . — 北京：清华大学出版社，2021.5
（2025.11重印）
ISBN 978-7-302-58233-5

Ⅰ . ①论… Ⅱ . ①聂… ②李… Ⅲ . ①心理健康 – 健康教育 – 小学 – 教材 Ⅳ . ① G444

中国版本图书馆 CIP 数据核字 (2021) 第 099159 号

责任编辑：张立红
装帧设计：梁　洁
责任校对：赵伟玉
插画设计：冯　亮　杨慧斌
责任印制：杨　艳

出版发行：清华大学出版社
　　　　网　　　址：https://www.tup.com.cn, https://www.wqxuetang.com
　　　　地　　　址：北京清华大学学研大厦 A 座　　　　邮　　编：100084
　　　　社 总 机：010-83470000　　　　邮　　购：010-62786544
　　　　投稿与读者服务：010-62776969，c-service@tup.tsinghua.edu.cn
　　　　质 量 反 馈：010-62772015，zhiliang@tup.tsinghua.edu.cn
印 装 者：涿州市般润文化传播有限公司
经　　销：全国新华书店
开　　本：170mm×240mm　　　印　张：13.5　　　字　数：179 千字
版　　次：2021 年 7 月第 1 版　　　印　次：2025 年 11 月第 3 次印刷
定　　价：69.00 元

产品编号：091410-01

编委会

顾 问
彭凯平　韩望喜

主 编
聂细刚　李 莹

副主编
王伟锋　范铁周　苏倩宇

参 编
熊 武　吕奕南　易 兵

廖颖颖　孙艺倩　邹 馨

徐丽丽　王沛怡

清华大学社科学院院长　彭凯平

1. 摆脱心灵负累：传统文化和现代科学的教育创新实践

　　与这本《论语中的积极心理学（小学版）》及其背后的工作团队结缘是在 2020 年初秋。当时，深圳市龙华区第三外国语学校校长聂细刚先生来到我在清华大学伟清楼的办公室介绍他们学校在应用积极心理学推动创新教育科研过程中的一些工作成果。《论语中的积极心理学（小学版）》就是其中之一，它将积极心理学与传统文化精华相结合并应用于德育。

　　我从交谈中得知，深圳市龙华区第三外国语学校是一所刚刚成立一年多的新学校。在遵从九年一贯制规范办学基础之上，学校进行了诸多创新型的教育实践，其目的是在当代教育情景下能够为教师与学生的教学交互创造更为多元的积极促进因素，并将这些积极促进因素以科学化、系统化的视角进行解读，从而应用于实践。积极心理学、积极教育、传统文化思想在教育中的创新、心理科学测评等都是其中的重要内容。

　　龙华区第三外国语学校之所以开展这样一种教育实践创新的探索，其中一个核心的动力来自学校在龙华区教育局王玉玺先生倡导的积极教育的引领下对深圳现代化的文化精神积累的思考，以及作为教育者如何为城市的精神提供切实的贡献的反思。众所周知，深圳是中国改革开放的前沿城市，从几十年前一个不为人知的小渔村发展成今天中国最具活力与实力的城市排头兵，"深圳速度""深圳模式""深圳奇迹"等成为人们心目中深圳的代名词。深圳也成为城市现代化发展奇迹的突出代表。但是，飞速发展所创造的城市奇迹主要集中在物质财富的极大创造中，相比起来，城市的精神财富创造则显得单薄得多，这其中涉及文化心理的厚度、教育基础的夯实、社会结构的稳固与社会情绪的稳定性等，而这些正是新时代深圳建设面向更加开放、更加多元、更加国际化的大城市亟需面对的领域。

深圳又是一个以外来人口为主的年轻的城市，第一代深圳年轻的创业者是开拓者，他们为深圳打下了现代超级城市的物质基础，也为这座城市留下了锐意创新、白手起家、不舍昼夜的实干精神。这些精神弥足珍贵，但是老一代创业者的缺陷也是明显的，那就是在文化与心理上的财富积累没有机会经过长时间的打磨而显得粗糙与斑驳。有文化氛围但文化内涵不足，有文化情景但文化心理干燥，有文化情怀但文化品位参差。这怪不得他们，却是新一代的深圳年轻人所面临的最重大的新使命——如何在老一辈深圳开拓者所建立的丰厚的物质基础上建构新深圳丰厚的文化精神与文化心理传承？这个任务摆在了新一代深圳教育者的面前。教育者，传习者也。以史为鉴、以身为鉴、以心为鉴，教育者的重要使命就是培养"真正的人"。也只有这些"真正的人"才能肩负起为这个年轻的城市奠基起又一个"深圳奇迹"的使命。

就像最早一批看到深圳经济发展潜力的开拓者一样，龙华区第三外国语学校通过借鉴积极心理学在"积极天性""积极心态""积极自我""真实的幸福""积极教育"等方面所形成的科学理论，进行了诸多卓有成效的积极教育创新实践。这些教育实践极大地丰富了学校的教学内容，推动了师生身心全面而积极的发展，并在很大程度上帮助更多的老师与学生树立正确的学习价值观、探索高效的学习方法、促进成长型思维与习惯养成、建构品格优势与美德。学校也正是想知道，它所推动的这些探索从专业学术角度来看，是否具备某种在传统教育框架中的突围意义？是否能够形成某种具备积极价值的办学特色？更重要的是，是否能够真正切实地帮助那些困扰于焦虑与躁动的学生、家长与教师摆脱心灵的负累，进行积极而幸福的选择？

2.《论语中的积极心理学（小学版）》真好用

事实上，无论是历史还是现代，无论是在东方还是在西方，"真正的人"一定是德、智、体、美各方面全面发展的人。中国人习惯把这样的人称为"君子"，印度人习惯把这样的人称为"觉者"，而西方人则习惯把这样的人称为"智者"。无论是君子、觉者与智者，在积极心理科学里都归结在"品格优势与美德"和"积极自我存在"之中。

早在20世纪八九十年代，以宾夕法尼亚大学心理学教授马丁·塞利格曼为代表的一批积极心理学家，将人类普适的积极天性归纳为24项品格优势与美德，这形成了早期积极心理学派关于人心、人性、人格的基础理论。之后，塞利格曼又以此为基础，提出了关于"真实的幸福"的五个关键要素，也就是今天人们所熟知的PERMA理论，它包括积极情绪、投入、人际关系、意义和成就。与此同时，以克里斯多弗·彼德森、肖恩·斯纳德等为代表的积极心理学家努力寻找"积极社会、美好生活"与个体人格之间的必要关系；以米哈里·希斯赞特米哈伊、芭芭拉·弗雷德里克森、R.M.瑞恩、彼得·沙洛韦等为代表的积极心理学家则更加专注于"投入""积极情绪""活力""情绪智力"等多项细分领域的人类的积极心理本质研究。我和我的老师理查德·尼斯贝特则基于不同文化背景下的思维习惯及认知特质的异同，研究积极心理学在跨文化沟通中的理论与应用。总之，积极心理学在短短的 30 年内迅速发展，百花齐放，成为心理学科中的最耀眼的明星学派，并且在社会阶层分析、社会治理与社会情绪调节、经济分析与经济预测、教育、医疗、健康、文化、娱乐、互联网交互、人工智能与大数据等诸多领域得到了积极的介入与尝试。积极心理学真正做到了"星星之火，可以燎原"。

今天，新一代的积极心理学家已经不再满足于面向人类负面心理科研传统的传统心理学发起挑战，而是为积极心理学建构起完整而独立的理论体系蓝图，并逐渐意识到需要为全新的积极心理学理论加入来自古老东方的传统智慧。因此，认知心理学、文化心理学、跨文化沟通心理学等方向亦迎来了一个更加灿烂的春天！这是心理学自身的幸事，更是新时代人类心灵福祉探索的幸事。这也是我特别愿意推荐这本《论语中的积极心理学（小学版）》给大家的一个深层的原因：文化是不分国籍的，文化是人类共同的财富。任何文化的精髓都值得其他文化学习、参照。而文化的精神也需要以更多元的、更适应现代人阅读与理解习惯的方式来进行合理的传播。我觉得，《论语中的积极心理学（小学版）》在这方面进行了开拓性的尝试。虽然它并不是来自深墙大院内的像清华大学积极心理学研究中心这样的纯学术机构，但是它来自基层的教育实践生活。虽然它并不是特别理论化，但是它接地气，语言平实易懂，并且最关键的是它挺好用！

事实上，无论是积极心理学还是《论语》，若要在基础教育中直接落地，还具备不小的难度。比如目前的积极心理学，更多的是基础理论与应用理论，而与这些理论相匹配的具体的教学实践方法还显得比较单薄。同时，这些理论虽然能够发现孩子在不同年龄阶段的发展规律，但是在具体情境中如何处理这方面的实证积累，客观来说是有待开发的。与此类似，《论语》作为中国传统文化，特别是儒家思想的经典，也面临着现代化语境解读与现实生活中正确应用等诸多困扰。这些困扰可能只有直接从事基础教育的校长与老师们才能有最深切也最直接的发言权。因此，从某种意义上来说，将积极心理学与《论语》学习进行结合的成果是值得期待与参考的。由此，我认为《论语中的积极心理学（小学版）》的"挺好用"至少有以下三点是具备一定价值的。

第一，在跨界教育研究与实践的探索方面具备积极的价值。

《论语中的积极心理学（小学版）》一书中参考了大量积极心理学的基础理论，并且将其分成了多个主题与章节，每一节以《论语》中的句子导读开篇，配以积极心理学方面的通俗化解读，同时以游戏或活动为载体，穿插与心理主题相关的心理辅导与心理干预活动，引导学生通过团体互动，进而收获对传统文化及现代心理学自然的联结与启迪，达到认知提升与文化价值感受力提升的双重效果，这一创新点尤其难能可贵。另外，《论语中的积极心理学（小学版）》着力推进积极心理学的本土化进程，深度发掘传统文化的精髓、要旨，通过二者的融合来实现理论的重构，从传世经典中去寻觅积极心理的主要元素，还可以结合语文、国学、心理、道德与法治多个学科，为学习建立起一种跨学科融合的思维启迪。

第二，在学习上将"高大上"与"烟火气"相结合，进行了有意义的尝试。

积极心理学发源于美国心理学界，是事实上的"外来的和尚"。其大量的实验证据来自西方文化背景下的社会群体与个体，因此不能直接应用于我国的中小学教育实践，必须经过一些改造与补充。《论语中的积极心理学（小学版）》在积极心理学本土化与通俗化上做了大量的工作，将二者相融合，并且寓教于乐、寓理于例、寓心于情。把心理学与《论语》在规范化教学中的补充要素与"边缘知识"变成了积极文化心理建构的基础，一方面转变了《论语》与心理学在中小学教育实践中的定位与地位，另一方面也把"高大上"与"白富美"的思想与知识以这种颇具"烟火气"的形式呈现出来，我个人认为，这一点是值得赞扬与推荐的。

第三，为突破心理学在德育、心理教育、家庭教育的整合教育过程中的困难提供了有价值的探索。

《论语中的积极心理学（小学版）》是一本积极人格养成的指南。虽然国家大力推动学校应当开设心理教育活动课，加强学生的心理培育，但事实上，在具体开展中，学校、老师、家长还是面临着诸多实际问题的。教材是枯燥的，案例缺乏深入的理论，传统文化传播中某些不正确的"返祖现象"与"感恩倾诉"又错误百出。这些是基层教学单位在进行德治教育、心理教育过程中面临的最直接的挑战。《论语中的积极心理学（小学版）》在这方面进行了一些尝试，我们看到，每一节设置了"心灵启航"与"积极体验"和"方法指南"，便于心理辅导教师依据此书开展心理辅导工作，也能够在一定程度上帮助家长更有针对性地阅读此书。

3. 积极心理学的远古回声

最后，我想通过这个推荐序来说说我对传统文化与现代心理学相结合的一些看法。

我认为，文化精神的"长"与"宽"所代表的"见识"可以通过现代化生活空间的极大丰富得以实现，但是文化心理的"高"所代表的"积淀与厚重"则必须经过时间的沉淀与传统文化精华的挖掘与再现才能实现。文化心理的维度问题是我长期以来在美国密歇根大学、美国加州伯克利大学与中国清华大学心理学系各个学术研究期间所进行的多项跨文化沟通与心理学科研的一条主线。所以，当学校提出龙华区第三外国语学校的积极教育创新中也有把传统文化与现代积极心理学相结合的创新尝试时，我感到由衷的高兴！我的高兴不仅仅是看到聂先生所进行的这项实践产生了诸多积极的正向效果，更是为当代积极心理学能够注入更多的来自东方的文化营养而感到欣慰。

回到《论语》所代表的文化心理，这离不开孔子对文化心理的认知。孔子的思想核心是"仁"。清华大学国学研究院的陈来教授更将其定位为"仁学本体论"。关于"仁"的出现，在《论语》里有110多处，并且对应着很多不同的说法，但"仁"作为孔子思想的核心，是"一以贯之"的，也就是说，孔子虽然对"仁"有很多的解释，但其思想体系是一致的，有一个最基本的说法。那这个说法是什么呢？这个问题不仅我们想知道，就连当年与孔子朝夕相处的学生们也非常想知道。

有一天，一个学生对孔子抱怨："老师，您能不能给'仁'下个明确的定义呀？您平时说了那么多不同的关于'仁'的含义，我都听糊涂了！不知哪一个才是'仁'？"

孔子听了，只很淡定地给出了两个字——"爱人"，就是"仁者爱人"，这句话可以被认为是孔子对弟子及后代所疑惑的这个问题给出了一个明确的答复。

孔子认为：一个能称为"仁"的人，行为处事上都要以"爱"为出发点。首先要懂得爱家人，包括父母与兄弟姐妹。他认为孝顺父母是第一，亲爱兄弟姐妹是第二，做到这两点就已经具备了仁者最基本的要求，当然还有爱祖国、爱人民、爱同志、爱亲朋、爱好友、爱世间万事万物等，但均在"孝悌"所代表的血亲之爱与同胞之爱的基础之上。

古代造字时，"仁"，是一个男人在前，两根木杆在后。从理论上来讲，两根木杆后应该还有另一个人抬着，这样两根木杆才能稳定。

但汉字造字时没有把后面那个人加上，有着十分深刻的含义，表示"仁"是独立人格构成的基本要求，不管有没有人来抬木杆的另一端，仁者都要独立承担抬的责任，也就是处处为别人着想，以身作则，做好自己分内的事情，同时站在他人的角度帮助别人，为别人提供更多的便利，而且是发自内心的道德与行为指向的。这样的人才能被称为"君子"——有责任、有担当、有能力、有智慧、心有大爱、有献身精神与崇高人格。

所以，我认为"仁者爱人"最为核心的理念是严格按照君子的标准要求自己，推以及人。自己是君子，就是爱自己的具体表现，这样也能做到爱别人了，其本质是一个关于"大爱"的文化心理的回答。

《论语》中有大家最熟悉的一句："学而时习之，不亦乐乎？……人不知而不愠，不亦君子乎？"宋代著名学者朱熹对此句评价极高，说它是"入道之门、积德之基"。好学且会学，并坚持不懈地学习，建立起对世界正确的认知与思想；拥有良好的人际关系与独立人格，并且以自己高尚的品德情操得到他人的认可；保持谦虚的心态，不骄傲，不自满，不妄自菲薄，保持正能量，做好自己，不为境遇高低浮沉所左右。当我们用现代的语言来解读的时候，会惊喜地发现，这句话不就是积极心理学与积极教育所推崇的"真正的人"的标准吗？

事实上，在《论语》中处处都有类似的句子。古往今来，有无数的人用不同的视角来解读《论语》及其所代表的儒家思想。新一代的积极心理学家与教育者也要以积极心理科学的视角为《论语》与传统文化注入新的教育理解，这不仅能够丰富《论语》精神在现代化生活中的外延，更能为积极心理学找到更多的来自古代时空的回声，悠悠不绝……

这是来自深圳特区一所新建的九年一贯制学校对于传统文化及学生积极心理品质培养的深度追问。从区域教育层面，在优质教育学校林立的深圳，一所崭新的学校想打磨出自己的亮点，实现品牌突围，需要切实可行的特色项目支撑；从学校教育层面，如何将理念落地，让项目秉承办学思想，值得深入思考；从育人层面，要解决学生需求和家长关切的核心问题……深圳市龙华区第三外国语学校从传统文化中汲取营养，打造出《论语中的积极心理学（小学版）》，独辟蹊径地实现了多维回应。

项目的提出，源于学校的几点思考。

首先，学校所在的深圳市龙华区以"积极教育"为区域教育的核心理念，将积极教育的理论转化为实际指导区域教育内涵的发展。而积极教育正是在积极心理学的启发下，在反思教育现实和传统观念的基础上构想出的一种教育理念，主张以积极的态度重新解读教育，形成积极的教育理念，采取积极的教育行动，激发和引导学生积极求知，并获得积极的情感体验，培养学生积极的人格品质和人生态度。基于这样的区域教育理念，龙华区在学校管理、课堂教学、特色发展及学校建设方面做了大量积极的尝试和创新，取得了积极的成效。学校该项目的落地，为区域教育的创新发展提供了支撑和佐证，带来了一线的实践补充。

其次，学校作为一所高起点、高规格、高品质的九年一贯制外国语学校，以"三外有'三'、卓尔非凡"为办学理念，打造"传统文化""外国语"两大特色，致力于建设一所植根中国、面向世界的外国语品牌学校。作为办学的基准和特色，传统文化、道德教育、心理教育、家庭教育等都成为学校重点研究的领域。《论语中的积极心理学(小学版)》着力探究传统文化的崭新落地模式，使全体师生形成积极健康的心理，并以此促进优良的校风，增强道德品质等方面的针对性和实效性，培养出一批身心和谐健康、气质儒雅的学生，将学校的办学理念和培养目标落到实处，努力擦亮学校传统文化品牌。

再次，根据深圳市教育局印发的《关于推进中小学心理健康教育规范化建设的实施意见》，中小学校应当开设心理教育活动课，通过课堂教学活动进行教育。以教学班为单位，采用心理教育活动课或团体心理辅导活动等形式进行，每两周至少安排一节，列入课程表。但作为一个几近"边缘"的学科，能开展心理课程的学校仅占一部分，而系统开设的，更是少之又少。加之，没有统一的心理课程所使用的教材，教学尚处于不甚规范的状态。《论语中的积极心理学（小学版）》将极大地填补这一项教育空白，使心理教育、德育教育甚至家庭教育找到抓手。

《论语中的积极心理学（小学版）》以塞利格曼的幸福五要素理论为基础，借鉴清华大学研发的积极教育模型以及与之相对应的应用技术为框架，开发出了积极自我、积极情绪、积极关系等五大模块，深入挖掘了传统文化经典《论语》中的积极教育内涵。每个模块分成多个主题，例如：积极自我模块下分为认识自我、品格优势与美德两章。每一节的设置根据论语名句的内涵主旨分成更细致的主题，每一个主题按照课程规划，灵活地设置了多个环节，以《论语》中的经典名句赏析为导读，辅以积极心理学的理论解读，同时以游戏为载体，穿插与积极心理学主题相关的心理辅导活动，引导学生通过团体互动，收获对传统文化及积极心理的感悟。

同时，编写团队还将积极心理学的理论进行了特色化的改编，对晦涩难懂的理论进行了通俗化的解读，生成了适应各年级学段阅读的拓展链接，引入了清华大学彭凯平教授《吾心可鉴：澎湃的福流》《吾心可鉴：跨文化沟通》等多部心理学著作中的适用于学生、家庭教育的案例和成果，并做了更生动化的表述，用以拓展教师、家长和孩子的视野，使其深入领会积极心理对学习、生活及整个社会的影响。

中国人民大学伦理学博士韩望喜先生对本书多次进行了把关和修改。韩先生对于《论语》等传统文化数十年如一日的深耕和研究，令本书更加严谨厚重。清华大学出版社张立红老师对传统文化的热爱和执着让人敬佩。作为责任编辑，张立红老师的精心打磨和苛刻的编审，令本书更具格调和品位。

最后，感谢参与编写的龙华区第三外国语学校的一线老师。他们有着教育者的梦想与情怀，更有着对中国少年儿童积极心理品质培养的职责与担当。知易行难，用好这本书，更是每一位老师的职责和使命。

目 录

第一篇　积极自我

第三篇　积极情绪

第五篇　积极追求

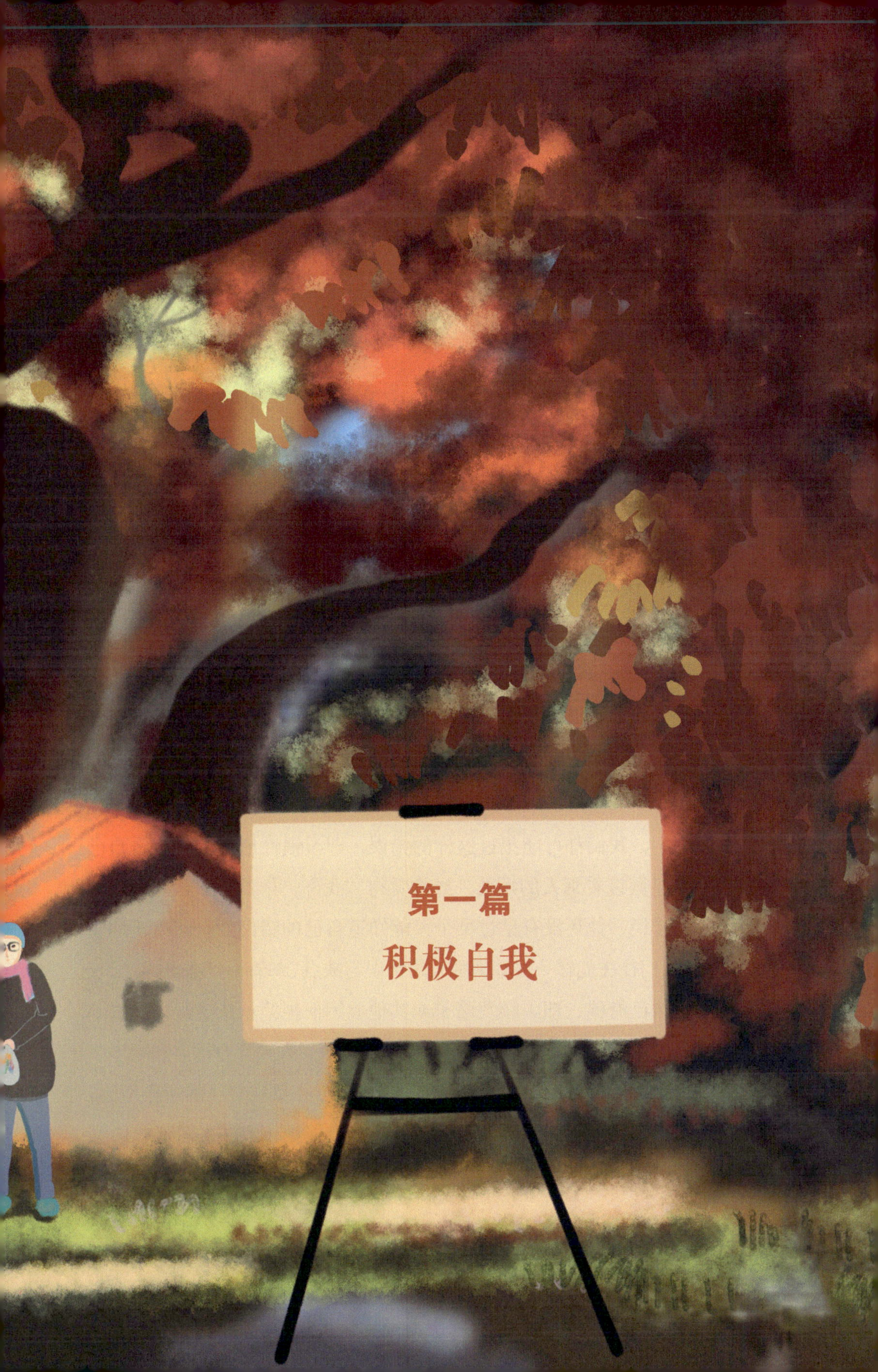
第一篇
积极自我

第一章　认识自我

第一节
我认识"我"吗？

一、《论语》导读

（一）跟我读

子曰："已矣乎，吾未见能见其过而内自讼者也。"

——《论语·公冶长》

（二）跟我译

孔子说："算了吧！我还没有看见过能够看到自己的错误而又能从内心责备自己的人。"

二、心灵启航

小朋友们，我们都可能犯过这样的错误，即习惯性地用放大镜看自己的长处，拿显微镜看别人的短处，经常觉得"我好，你不好""我行，你不行"。孔子说，他还没有见过哪个人能知道自己的错误并立即改正的。古往今来，人们往往能够一眼看到别人的错误与缺点，却看不到自己的错误；又或者明知自己有错，却因顾及面子或其他原因而拒绝承认错误，更谈不上从内心去责备自己了。任何人都不可能完美无缺，人人都有优点和缺点。

"吾日三省吾身"也提醒我们要充分认识自己并反省自己的所作所为。不仅要欣赏自己的优点，也要看到自己的缺点，接纳不完美的自己，承认自己需要不断完善、努力改进，这样才能成为更好的自己。

三、积极体验

优缺点大轰炸

1. 每四个人组成一个小组，每个人画一张自画像，在自画像下面写出自己的三个优点，再由其他同学补充两个优点。

2. 在自画像下面写出自己的两个缺点，再请其他同学补充一个缺点。

3. 综合自己和他人写的优点和缺点，想一想：这样的"我"还是我认识的"我"吗？

四、方法指南

每个人都是独特且不可替代的，我们要学会认识自己、接纳自己。这里有一些认识自己的小方法，快来看看吧！

（一）认识独一无二的我

想要了解自己，就要全面认识自己。比如，知道自己的身体、能力、优缺点，我们才能真正地认识自己。

（二）勇敢地面对他人的评价

自己评价自己是不够全面的，我们还要多多倾听老师、同学、朋友对自己的评价，这样才能了解一个更为立体的自己。

（三）学会悦纳自己

只有了解自己，承认自己的错误，接受不完美的自己，不断努力进步，才能塑造更完美的自己。

（四）接纳、包容他人

除了接纳自己，我们也要学会接纳他人，包容他人的短处，学习他人的长处。

五、心理科学链接

挖挖"自我"这口井

什么是自我？自我到底代表了什么样的心理学含义？自我认识有什么样的特点？它能给我们提供什么样的信息？这些都是发现自我所必须解决的问题。在这些问题中，我们必须先谈什么是自我。

自我这个概念非常简单。试想，如果别人希望知道我们是什么样的人、有什么样的特点，那我们如何回答这些问题呢？在心理学中，我们把它叫作"20个问题的自我申明"，这就要求我们对"我是谁"这个问题回答20次，每一次都要以"我"来开头，这样我们就可以知道我们对自我的认识有什么样的特点。作为一个独特的、复杂的、多样的、主动的人，我们肯定有很多不同的方式来完成"我是什么样的人"这样的句子。把这些句子综合起来，其实就是我们对自我的定义。

第二节
千万别让"偏见"作怪

一、《论语》导读

（一）跟我读

子绝四——毋意，毋必，毋固，毋我。

——《论语·子罕》

（二）跟我译

孔子没有这四种心态：不凭空臆测，不绝对肯定，不固执己见，不自以为是。

二、心灵启航

国国是个调皮捣蛋、经常迟到、违反班级纪律的学生。这周三的英语早读课他又迟到了，英语老师一口咬定国国是因为睡懒觉才会迟到的，怒气冲冲地批评了他。没想到平时对各种批评面不改色的国国，这次却极力否认，还号啕大哭了起来。

班主任刘老师后来经过了解才知道，原来国国迟到是因为他在上学路上帮助了一位摔倒的老奶奶。

英语老师根据以往对国国的认识，断定国国迟到是因为他的不良习惯，却没有想到平时调皮捣蛋的国国也会做好事。如果你是国国的同班同学，看到国国迟到了，你会和英语老师的看法一样吗？千万不要让"偏见"作怪！

三、积极体验

（一）你要奥特曼还是芭比娃娃？

思思的妈妈特别疼爱思思，给她买了好多芭比娃娃，可她一个都不喜欢。她烦恼地对爸爸说："我只喜欢玩奥特曼，为什么给我买芭比娃娃呢？"

爸爸觉得很奇怪："女孩子爱玩洋娃娃，男孩子爱玩机器人。怎么我们家思思和其他女孩子不同呢？"

同学们，你们觉得思思奇怪吗？为什么呢？

（二）性别刻板印象小测验

1. 女生可以当体育委员吗？

2. 妈妈说："女孩子就应该文文静静的，你怎么一点都不像个女孩子呢？"

3. 男孩子的数学成绩一定会比女孩子的好吗？

四、方法指南

好朋友小颖告诉你，班上新转来的学生大兵长得又高又壮，看起来好凶，很有可能是他违反了学校纪律，在原来的学校待不下去才会转学的。

同学们，如果你们是大兵的同班同学，你们应该如何和大兵相处呢？

（一）不道听途说，不因外貌做出判断

其他人的话不一定是真的，长得又高又壮、看起来好凶的大兵也可能是个温柔、善良、友善的男孩子。

（二）理性思考，不随便猜测和怀疑

不要随便猜测大兵的为人，不要轻易下结论。和大兵在一起的时候可以多观察他的行为，看看他有没有不守纪律的地方。

（三）增加友好互动，主动地深入了解他人

主动了解大兵，和他聊聊天，听听他分享以前的趣事，邀请他加入游戏。在友好互动中，重新认识新同学大兵。

五、心理科学链接

刻板印象的威胁

美国人格心理学家戈登·奥尔波特在《偏见的本质》一书中总结出 15 种偏见受害者可能出现的心理反应。他相信这些反应可以归纳为两种：一种是对自己的责备（退缩、自我厌恶和对自己团体成员产生敌意等），另外一种是对外部原因的责备（攻击、怀疑他人和夸大本团体的优越等）。心理学家发现，那些受到刻板印象威胁的人，有时还会产生某种焦虑情绪，从而影响自己的行为。

斯坦福大学心理学家克劳德 M. 斯蒂尔发现，成绩优异的女生，如果相信男生和女生在数学成绩上有差异的话，那么她们在做数学测验时，往

往会产生一种被评估的焦虑，这种焦虑增加了她们不必要的心理负担，并会影响考试成绩。又如，黑人学生如果相信自己的考试成绩不如白人学生，他们在考试时就会产生某种被评估的焦虑，从而影响考试成绩。

这就是说，当刻板印象被人们熟悉和接受的时候，它就会真的变成会实现的预言，人们的行为也会变得与刻板印象所描述的一样。

第三节
我能发现别人的闪光点

一、《论语》导读

（一）跟我读

季康子问："弟子孰为好学？"孔子对曰："有颜回者好学，不幸短命死矣，今也则亡，未闻好学者也。"

——《论语·先进》

（二）跟我译

季康子问孔子："你的学生中谁是好学的？"孔子回答说："有一个叫颜回的学生很好学，不幸早逝了。现在没有像他那样的了。"

二、心灵启航

春秋时期，楚国有个叫俞伯牙的人，精通音律，琴艺高超。他能把大自然的美妙融入琴音，用琴音表达自己的感受。但是，他却没有遇到能听懂他琴音的"伯乐"。后来，伯牙遇到了钟子期，子期能领会伯牙琴音背后的"峨峨兮若泰山"和"洋洋兮若江河"，他发现了伯牙琴音背后的闪光点，所以，有了高山流水遇知音的千古故事。

颜回，十三岁拜孔子为师。孔子非常欣赏颜回，善于发现他的优点。作为小学生，我们可以从小培养正确对待他人优点的心态，善于发现他人的闪光点。

三、积极体验

（一）你会欣赏别人吗？

1. 同学们，你们从下面两幅漫画中看到了什么？

2. 同样都是同学得奖，没得奖的同学对得奖同学的反应有什么不同呢？

3. 这两幅漫画反映了没得奖的同学在看到别人得奖后的不同心态，哪一种心态是应该学习的呢？

4. 每个人都有自己的优点和缺点，你是看到别人的优点多一些，还是看到别人的缺点多一些呢？

得奖的同学们真的太棒了！好厉害！！

凭什么XXX能当三好学生？他跟我差远了！

（二）优点叠叠乐

1. 五人合作。

2. 每位成员准备好若干顶纸帽子。

3. 各自在纸帽子里写上组内每个成员的优点，一项帽子写一个优点，可以给你认为优秀的同组成员写多个优点。

4. 给对方戴上"优点"帽子，看看哪个成员的帽子最高。

四、方法指南

（一）学会尊重他人

发现他人优点的重要前提是尊重他人。尊重你的小伙伴，和你的小伙伴要友好相处。如果你不能以善意对待他人，又如何去欣赏他人、找到他人的优点呢？

（二）尝试了解他人

只有在日常的相处中了解你的小伙伴，看到他待人友善、乐于助人的行为，你才会发现："哦！原来他的闪光点这么多呀！我以前都没有发现呢！"

（三）培养开阔的胸怀

发现他人的优点也是一种优点，发掘他人的闪光点能够帮助你成为更优秀的自己。

（四）学习他人的闪光点

子曰："见贤思齐焉，见不贤而内自省也。"发现他人优点之后的最佳行动方案是与他人看齐。开动你的小脑筋想一想，应该如何向他人看齐呢？你又可以用什么方式提升自己、完善自己呢？

相信你一定能想到！

五、心理科学链接

科学的表扬

要想让孩子能够发现别人的闪光点，家长首先要能够发现孩子的闪光点。近年来，越来越多的家长意识到表扬和鼓励的重要性。但是，怎么去表扬？这其实也藏着一门学问。

当孩子表现出色时，很多家长会说类似"太棒啦！"或者是"真聪明！"这样的赞扬语，但其实这种表达仅仅是笼统地说了"好"，并没有说清楚"好在哪里"。"聪明"这类的赞扬语还有可能让孩子把自己的成就归功于天赋，而忽视了努力的作用。心理学家卡罗尔·德韦克的实验便证明了这点。科学的表扬才是智慧的表扬。那要如何进行科学的表扬呢？可以从以下几点入手：

表扬要具体。到底哪里做得好，怎么个好法，要说清楚。比如："你这两天写字坐姿那么端正，字写得那么整齐漂亮，妈妈实在是太开心啦！"

表扬孩子努力的过程。表扬孩子的付出能够让孩子意识到他的成就来源于汗水，而不是天赐的灵光一现。

表扬孩子的挑战精神。比如："这件事那么难，你也敢去做，你太出乎我的意料啦！"

第二章　品格优势与美德

第一节
我拥有宝藏能力

★·★·★ ······································· ★·★·★

一、《论语》导读

（一）跟我读

问知，子曰："知人。"

——《论语·颜渊》

（二）跟我译

（樊迟）问什么是智，孔子说："了解人。"

★·★·★ ······································· ★·★·★

二、心灵启航

孔子认为人才选出来之后，必须根据所选人员的才能委任职务，就是说有才能的人可以被委以重任，才能稍差的人要通过小事情来锻炼。美国前总统奥巴马也说过："每一个人都会有自己擅长的东西，每一个人都是有用之才，而发现自己的才能是什么，就是你们要对自己担起的责任。"

就像一条鱼不应该去爬树，一棵胡杨无法在热带雨林中生长，老师不可能让数学成绩好的同学去做语文课代表，也不可能让五音不全的同学参加歌唱比赛。每个人都有自己的天赋，都可以在自己擅长的领域发挥独有的才能，绽放出迷人的光芒。

三、积极体验

寻找我的能力

1. 找一找

同学们，请你们想一想，什么事情是你们发挥自己的能力做到并且让你们心中充满成就感的？

（1）我最擅长的是什么？

_____

（2）我已经取得了哪些显著的成绩？我用了什么能力去取得这些成绩？

_____

（3）别人眼中的我有什么独特的能力？

_____

2. 讲述能力故事

详细描述自己发挥潜力后，做过的最得意的一件事，并从以下角度与同学交流：

（1）这件事的目标是什么？

（2）我用了什么方法达成目标？

（3）最后得到了什么结果？

（4）在这件事中，我发挥了什么能力？

3. 挖掘能力

想一想发挥自己的能力后，你能达到什么目标。在表 2-1 中写出五个你拥有的能力。

表 2-1　拥有的能力及其可以达到的目标

序号	能力	目标
1		
2		

序号	能力	目标
3		
4		
5		

四、方法指南

同学们，你们想知道如何发挥自己的能力并完成目标，让自己闪闪发光吗？一起接着往下看！

（一）树立目标

目标的树立可以明确努力的方向，让你们在完成事情的时候更有冲劲和动力。

（二）了解自己的能力

为了达成目标，我需要做些什么？我需要发挥哪些能力？我的能力可以帮助我完成目标吗？以上问题的回答都基于对自己能力的清楚认知。因此，在生活中我们要擦亮自己的眼睛，发现自己的优势和能力，努力提升自己。

（三）养成勤反思的好习惯

经常思考自己的劣势。不要害怕发现自己的不足，只有知道了自己的短板，及时查漏补缺，尽快提升自己的能力，才能获得长足的进步。

五、心理科学链接

打开你的百宝箱

建立自我认知，甚至自信的一个好方法，就是要经常自己想一想，我们在哪些时候、哪些地方、做哪些事情，会让我们产生旺盛的生命力，有什么事情值得我们感动，什么事情值得我们留恋，什么事情让我们喜悦，什么事情让我们安定，什么事情让我们感兴趣，什么事情给我们希望，什么事情让我们敬仰，什么事情让我们热爱。

第二节
孝道与感恩

一、《论语》导读

（一）跟我读

有子曰："其为人也孝弟，而好犯上者，鲜矣；不好犯上，而好作乱者，未之有也。君子务本，本立而道生。孝弟也者，其为仁之本与！"

——《论语·学而》

（二）跟我译

有子说："孝顺父母、友爱兄弟，而喜好触犯上层统治者，这样的人是很少见的。不喜好触犯上层统治者，而喜好造反的人是没有的。君子专心致力于根本的事务，根本建立了，治国做人的原则也就有了。孝顺父母、友爱兄弟，这就是仁的根本啊！"

二、心灵启航

同学们，你们爱自己的父母吗？你们会关心、体贴父母吗？孔子认为，孝敬父母、敬爱兄长是"仁"的根本，从中可以看出一个人修养的高低。孝敬父母是做人最基本的品德。

父母给予我们生命，养育我们。为了供我们上学，供我们穿衣，供我们吃饭，他们不知付出了多少时间和心血。

孟子曰："惟顺于父母，可以解忧""百善孝为先""首孝悌，次谨信"……孝之至，莫大于尊亲，孝顺父母是传统文化的重要组成部分。

父母对我们的爱是无私的，是伟大的，我们永远也不能忘记，更不能将他们的付出视作理所当然。同学们应当回报父母、孝敬父母、感恩父母。

三、积极体验

（一）孝道我来判

你是个孝敬父母的好孩子吗？请你做一个快速判断对错的游戏。

1. 主动帮辛苦一天的父母提东西，倒水喝。（　　）

2. 对父母有礼貌，听他们的话，不顶撞他们，不对他们耍小脾气。（　　）

3. 缠着忙碌的妈妈，让她给自己买零食。（　　）

4. 回家不认真写作业，还总是和妈妈顶嘴。（　　）

5. 在家主动做家务，自己的事情自己完成。（　　）

6. 有心事主动和父母说，经常与父母聊天。（　　）

7. 不乱花钱，不要求父母买贵重的玩具。（　　）

8. 吃饭时等着妈妈给自己盛饭。（　　）

（二）了解我的爸爸妈妈

你了解爸爸妈妈吗？请填表2-2，试试看吧！

表2-2　我对爸爸妈妈的了解

事项	爸爸	妈妈
生日		

事项	爸爸	妈妈
爱好		
衣服、鞋子的尺码		
最喜欢的食物		
喜欢的电视节目		
最大的心愿		

四、方法指南

像高山一般巍峨、像海水一般深沉的父母的爱，是我们一辈子也报答不完的深情。作为小学生，暂且不谈长远的奉养，只着眼于当下的点滴生活，我们应该如何做力所能及的事来关心、体贴父母呢？

（一）用功学习，努力向上

做好学生的本分，学习好科学文化知识，自己完成作业，不让父母操心。

（二）呵护自己，保持健康

照顾好自己的身体，不挑食，早睡早起，养成良好的生活习惯。

（三）独自出门前要征得父母的同意

告诉父母你要去哪里、将要和谁在一起、几点回家。

（四）自己的事情自己做

力所能及地帮助父母分担一些家务，如刷碗、扫地、拖地。

（五）多陪父母聊聊天

可以和父母分享学校发生的事以及自己的心情，也可以听听父母的烦恼，帮他们分担。

（六）体谅父母，不任性

不乱发脾气，不向父母要超越家庭经济条件的东西，不为难父母。

同学们，在你们力所能及的范围内，还有很多关心、体贴父母的事情需要你们用心去发掘！

五、心理科学链接

感恩让我更幸福

感恩之心强烈的人通常对生活满意，行动的动机强烈，而且身心健康，睡眠充足，焦虑、抑郁、孤独感都会下降。懂得感恩的人容易融入生活、融入人群，和大家和谐相处，也能接纳自我和个人的成长，有更强烈的目的感、意义感和道德感。

积极心理学之父——美国宾州大学心理学家马丁·塞利格曼教授，做了有关感恩的积极心理效应的研究。他测试了参与过积极干预的411个人的效应，比较了那些写过"感恩信"的人和其他一些只写过"自传"的人，研究他们之间的幸福指数有什么差异。结果发现，写过"感恩信"的人的幸福指数有显著增加，而且这些幸福指数可以持续一个月左右。

还有研究发现，感恩与工作效率有密切的关系。那些在月底给自己员工写一封感谢信的领导，可以显著提高员工的工作积极性，让生产效率提高20%。

宾州大学的沃顿商学院的教授还做过一个有趣的研究，就是把大学里的募捐工作人员分两组：一组按照传统的打电话给学校校友的方式来筹集资金；另外一组在打电话之前，接受了学校有关慈善募捐项目负责人的感恩讲话。结果发现，在后来一个星期内那些听过感恩讲话的工作人员比那些采用传统方式筹集基金的工作人员，多收了一半以上的资金。

第三节
点亮友善之灯

★••• ░░░░░░░░░░░░░░░░░░░░░░░░░░ ★•••

一、《论语》导读

（一）跟我读

樊迟问仁。子曰："爱人。"

——《论语·颜渊》

（二）跟我译

樊迟问什么是仁。孔子说："爱人。"

░░░░░░░░░░░░░░░ ★••• ░░░░░░░░░░░░ ★•••

二、心灵启航

孔子培养学生，就是以仁爱为根本，以六艺为涵养之境，使学生能够得到全面发展。因此，学习成绩的高低不是衡量一个学生好坏的唯一标准。我们首先要培养爱人的能力，再谈全面发展。

友善是人际交往中必须具备的道德规范，是衡量一个人道德品行的重要标准。"亲亲而仁民，仁民而爱物。"孟子认为，只有能够亲爱亲人，才有可能推己及人地去仁爱百姓；只有能够仁爱人民，才能爱惜万物。世间所有的爱都是从亲爱亲人、友爱身边人开始的。

如果人们都能用"与人为善"的心态去处理日常生活中各种各样的人际关系，我们的日子就会过得更加愉悦，我们的生活就会充满阳光。如果我们想做一个快乐的孩子，让自己身边的人都充满欢乐，就用我们的友善之心来对待他人吧！

三、积极体验

（一）镜子的启示

1. 一组两个人，面对面站好。

2. 一起做动作：生气、叉腰、鼓起小嘴巴。

3. 一起做动作：充满怒气地指着对方的鼻子。

4. 一起做动作：充满善意地握握手。

5. 一起做动作：热情友好地打招呼。

其实，人与人相处如同照镜子，如果你满怀善意地向他人微笑，他人也会以笑回赠你。友善是相互的，这就是镜子给我们的启示。

（二）心灵小故事：友善的力量

一天，太阳和风在争论到底谁更有力量。双方争得面红耳赤还是没有结果。风看到了地面上有位穿着外套的小朋友，便提议道："谁能用最快的速度让小朋友把外套脱下，谁就获胜了。"为了能把小朋友的外套吹下来，风铆足了劲，瞬时狂风大作。小朋友被狂风吓得裹紧外套往前奔跑。慢慢地，风的力气都用完了……这时，太阳从云背后出来，将温暖的阳光洒在小朋友身上。小朋友慢慢松开了裹紧外套的小手，开始擦掉脸上的汗珠，并把外套脱了下来，迎着阳光，笑盈盈地哼起了歌。太阳得意地对风说："你看，温和与友善有时候比你想象中更有力量。"

同学们，读完这个小故事，你们有什么体会呢？和大家分享一下吧！

我的体会：_____

_____

四、方法指南

（一）你是一个友善的人吗？

1. 我会主动去安慰身边心情不好的人吗？

2. 我嘲笑、讽刺过同学吗？

3. 我是否有一颗包容的心，会谅解别人的一些无心的小过失呢？

4. 我是否会因为一些微不足道的小事，对别人乱发脾气呢？

5. 当看到别人需要帮助时，我总是毫不犹豫地向他伸出援手吗？

（二）每天要做的事

1. 主动"拉别人一把"，力所能及地帮助身边的人。

2. 嘴角上扬，笑对他人。

3. 对别人取得的优秀成绩和遇到的好事感到由衷的高兴，发自内心地为他人鼓掌。

4. 多对身边的同学说："你真棒！做得好！"

5. 与他人相处时学会换位思考，包容和理解他人。

从现在开始，相信同学们一定能通过自己的行动点亮友善之灯，让自己与身边的人在友善的亮光中并肩前行。

五、心理科学链接

你笑得真好看

著名科学家达尔文曾经写了一本书《人类和动物的表情》，他提出了一个理论，认为"笑"可能是人类的祖先猿类进化出来的一种区分攻击与打闹的方式。我们发现，动物经常会有游戏性的打闹行为，为了向对方表示"我是友好的，并不是想攻击你"，就出现了笑。想象一下，一个朋友冷不丁打你一下，你可能会觉得莫名其妙而不爽，但是，如果他笑着打你一下，你就会知道他在跟你闹着玩；同时你也会用"笑"来向对方传达："我知道你的意思，我也是友善的。"所以，我们会本能地觉得笑着的人是没有攻击性的，是比较有亲切感的。

第四节
我是"五好小公民"

★·· ··············· ····· ····· ★★★

一、《论语》导读

（一）跟我读

子曰："不在其位，不谋其政。"

——《论语·泰伯》

（二）跟我译

孔子说："不在那个职位上，就不考虑那个职位上的事。"

★★★ ★★★

二、心灵启航

每个社会角色都有一定的含义，拥有这些名称的人就必须履行相应的责任和义务。你是一名学生，就要认真学习，遵守纪律；你是父母的孩子，就要听从父母的教诲，孝顺父母。

试想一下，如果地方官员都不听中央的话，国家如何稳定？如果同学们都不听班主任的话，班级如何团结？如果所有的孩子都不听父母的话，家庭如何和谐？

每个人在自己的位置上就要做好自己的事情。这就是你的社会责任，这就是你的公民精神。我们是小学生，是 21 世纪的小公民。对于小学生而言，我们要争做"爱国守法、明礼诚信、团结友善、勤俭自强、敬业奉献"的"五好小公民"。

三、积极体验

（一）我会背诵社会主义核心价值观

请流利背诵出社会主义核心价值观，体会核心价值观中丰富的内涵。

（二）道德我来说

观察这些图片，你看到了什么？谈谈你的看法。

四、方法指南

每个小朋友都要承担起自己的社会责任，争当"五好小公民"，快来学一学！

（一）家庭"小帮手"

体贴父母、关爱亲人、勤劳节俭、热爱劳动。

（二）学校"好伙伴"

团结友爱、互帮互助、尊重他人、善于合作。

（三）社区"小卫士"

爱护公物、讲究卫生、保护环境、遵守秩序。

（四）社会"小标兵"

热爱祖国、文明礼貌、诚实守信、遵纪守法。

（五）生活"小主人"

胸怀开阔、心理健康、独立自主、勤奋创新。

五、心理科学链接

什么是"文化"？

台湾作家龙应台曾经就一个人的文化素养说了一段意味深长的话："什么是文化？它是随便一个人迎面走来，他的举手投足，他的一颦一笑，他的整体气质。他走过一棵树，树枝低垂，他是随手把枝折断丢弃，还是弯身而过？一只满身是癣的流浪狗走近他，他是怜悯地避开，还是一脚踢过去？电梯门打开，他是谦和地让人，还是霸道地把别人挤开？一个盲人和他并肩过路口，绿灯亮了，他会搀那盲人一把吗？他与别人如何擦身而过？他如何低头系上自己松了的鞋带？他怎么从卖菜的小贩手里接过找来的零钱？"所有这一切其实就体现了一个人的文化素养。

第五节
心中常有公平在

一、《论语》导读

（一）跟我读

子曰："见贤思齐焉，见不贤而内自省也。"

——《论语·里仁》

（二）跟我译

孔子说："见到贤人，就应该向他学习、看齐，见到不贤的人，就应该自我反省（自己有没有与他相类似的错误）。"

二、心灵启航

四（2）班每周都会评选"纪律之星"，表扬认真遵守班规、校规的同学，奖励精美的奖品。这周，奖品是一只漂亮的蓝色卷笔刀，阿庆特别想要得到这份奖品，他找到好朋友小杰。小杰是班上的纪律委员，平时由他来记录同学们的表现。为了拿到自己心仪的卷笔刀，阿庆想让小杰将他平时的表现记录为优秀，把他评选为这一周的"纪律之星"。你认同阿庆的做法吗？

孔子认为，教育是平等的、公平的，每个人都应该平等地享有受教育的机会。在这样的教育中，我们更应该遵循"公平"的原则，向着"公平"靠拢。生活中，见到心中常有公平在的贤人时，就向他学习。如果没有，就看看自己是否能做到公平公正。

三、积极体验

（一）名人故事会：包青天

包拯以廉洁公正、不附权贵、铁面无私闻名于世，故有"包青天"之名。

他为官的时候，有个亲戚犯了法，包拯依法处置，照样打他一顿板子。在京城里，很多皇亲国戚、权贵大臣无法无天。张尧佐凭借侄女在宫内当贵妃的关系，同时担任了三司使等好几个重要官职。包拯认为，按照张尧佐的才能，不适合担任三司使，更不适合同时担任几个重要官职。于是，他一连写了五道奏疏，弹劾这个有后台、有权势的大人物。

包拯为官断案绝不因亲情而心软，也绝不向权势低头，他秉持公平公正，是中国历史上的名臣、杰出的清官代表。包拯之名，亦成为清廉公正的象征。

读完了包青天的故事，你有什么想法吗？请写一写。

_____

_____

（二）控诉不公平

在生活中，你是否遇到过不公平的对待呢？比如，"为什么他的数学成绩不如我，却当上了课代表？""为什么同样在课堂上举手，老师叫他却不叫我？""为什么我和弟弟都吃了零食，妈妈只批评我？"。不妨与大家交流，并说说你的感受。

四、方法指南

生活中，我们常常追求公平，然而绝对的公平真的存在吗？

在这个世上没有绝对的公平，只有相对的公平。面对不公平，我们要怎么做呢？

（一）分析问题的原因

遇到问题的时候，我们不妨静心想一想：为什么自己认为这件事情不公平？为什么不公平的事会发生在自己身上？自己的能力真的达到要求了吗？自己的行为是否有欠妥的地方呢？

（二）换位思考

有时候我们看问题只局限于表面，常常纠结于"为什么只对我不公平"，而没有沉下心来换位思考，理解他人的想法和意图。比如，你和其他同学同时举手，老师没有请你回答问题，或许是因为老师想把发言的机会留给不常举手、比较内向的同学。

（三）及时管理不良情绪

面对不公平现象，每个人都会产生负面、消极、不满的情绪，这是正常的，我们要学会自我排解，比如，找小伙伴一起谈心、做喜欢的运动、主动到心理咨询室寻求帮助。

只有通过健康的方式排解不良的情绪，我们才能愉悦地生活。

五、心理科学链接

正义之心

正义之心是人类的天性，这体现在我们的行为会经常下意识地、不由自主地受到道德理念的影响。

美国心理学家乔纳森·海特就做过一个有趣的实验，他对来参加实验的人进行催眠，使被试无论何时听到某一个单词的时候都会感到厌恶。乔纳森使被试做出反应的这个字是"拿"（take）。比如，一个自称是坚决反腐的国会议员，却偷偷地从烟草公司那里"拿"贿赂。不出意外，在乔纳森所准备的六个故事中，只要出现"拿"字，不用提供任何信息，大家就会对故事的主人公（比如说这个议员）提出严厉的批评。

然而，问题在于，即使有些故事的主人公并没有做任何不道德的事情，但如果用了"拿"这个字，同样会使被试对他们表现出厌恶反应。比如，乔纳森让这些参加实验的人读一个故事：有一个学生会主席在和老师讨论"如何安排课程的讨论时间"，用的说法就是"他建议拿那些吸引老师和学生的话题"作为讨论的主题，这个故事没有任何违背道德的情节，但还是有三分之一的被试谴责这位学生会主席，因为他们受到了"拿"这个概念的影响。

所以，很多正义的事情和举措容易受到大众的热烈推崇，在很大程度上是因为它也是人类的一种道德和正义之心的自然流露，是国人良知的行为体现。

第六节
我是一个好班长吗？

一、《论语》导读

（一）跟我读

子曰："君子义以为质，礼以行之，孙以出之，信以成之。君子哉！"

——《论语·卫灵公》

（二）跟我译

孔子说："君子以义作为根本，用礼加以推行，用谦逊的语言来表达，用忠诚的态度来完成，这就是君子了！"

二、心灵启航

二（1）班的班长虹虹最近特别烦恼，觉得自己这个班长快当不下去了，同学们都不听自己的命令。

"喂，你去打扫那边。""哎，这里打扫过怎么还那么不干净？你到底会不会干活呀？""过来，过来，擦擦这里！"放学打扫班级卫生时，虹虹站在讲台上"指手画脚"，发号施令，可同学们似乎都不太愿意听她指挥，打扫得很慢。

早上，虹虹在班级门口检查仪容仪表，同学们都和她打招呼，她没有回应，只冲同学们点了点头。轮到小光，他站好让虹虹检查完后，就径直走进教室，虹虹厉声喊道："赵小光，你怎么这么没礼貌？看到班长连声招呼都不打。"小光回过头，不屑地说："你自己和其他同学打招呼吗？"虹虹的小脸涨得通红，一句话也说不出来。

（同学们，虹虹这样的班干部，你们喜欢吗？你们愿意服从她的领导吗？身为班干部，怎么做才能让所有人都拥护自己呢？如果我们用真诚、友善、好礼、知礼的德行去约束自己，大家会服从吗？以德服人才是一位领导者真正的魅力啊！）

三、积极体验

（一）你心中有他人吗？

1.苏老师找到虹虹，说："亲爱的孩子，你是一班之长，是班级的领头羊，但这并不意味着你能趾高气扬地对同学们发号施令。作为班长，你要有'心中有他人'的同理心和服务意识。"如果你是虹虹，听了苏老师的话，你会怎么想呢？

2. 下一次放学打扫卫生时，你会这样指导同学们值日：

_____

3. 第二天在门口检查仪容仪表时，你会这样对同学们说：

_____

（二）我要参加竞选

新学期，老师想挑选班级小助手协助管理班级，同时锻炼同学们的能力。于是，老师在班级里成立四个小组：学习小组、生活小组、值日小组、活动小组。在班会课上，参加组长选拔，请你选择一个感兴趣的小组，进行竞选吧！快来填一填。

我的名字：_____

竞选小组：_____

竞选优势：_____

竞选宣言：_____

四、方法指南

当班长不易，当个好班长更加不容易。如果你想当个好班长，应该怎么做呢？

（一）时刻关心班级和同学

要想当好老师的小帮手，你一定是一个对班级事务热心、对班级管理用心、对同学负责的孩子。

（二）不断提高自己的能力

要想当好班长，你还必须是一个善于管理班级的人。不论是班级管理还是打扫卫生，作为班长的你都应具备管理能力、交往能力、交流能力、动手能力等。这都需要你付出努力，在行动中去证明！

（三）团结同学，公平公正

想同学之所想，急同学之所急，不随意为难同学，和同学"打成一片"，不搞小团体，当好同学的领头羊；同时，还必须平等对待每一个同学，不因关系好坏而区别对待同学。只有坚持公平公正，才能让同学们更支持你！

五、心理科学链接

交往的艺术

情绪智力包括哪些能力呢？其中一项很重要的便是处理人际关系的能力。一个人的人缘、领导能力、人际关系，都与管理他人情绪的能力有很大的关系。知道如何让别人开心、让别人满意、让别人快乐和幸福，是我们自己能够开心、快乐和幸福的重要保障，也是我们能够成为优秀的个体、受到认可的管理者特别重要的社交技巧。这样的能力通常在社会关系中会体现为倾听的能力、沟通和表达的能力、处理冲突的能力、建立关系的能力、合作和协调的能力，以及说服和影响的能力。

第七节
审慎之我行

一、《论语》导读

（一）跟我读

子曰："弟子，入则孝，出则悌，谨而信，泛爱众，而亲仁。行有余力，则以学文。"

——《论语·学而》

（二）跟我译

孔子说："孩子要孝顺父母，敬爱师长，说话谨慎，言而有信，和所有的人都友好相处，亲近那些具有仁爱之心的人。做到这些以后，如果还有剩余的精力，那就学习文化知识。"

二、心灵启航

同学们，你们相信眼见为实吗？有一次，孔子的学生在煮粥，看见有脏东西掉进锅里，连忙用汤勺把它捞起，想把它倒了，但是又觉得不能浪费粮食，于是就把它吃了。正巧孔子走进厨房，误以为他在偷喝粥，于是孔子教育了这个学生。但是经过解释，真相大白。孔子很感慨地说："我亲眼所见的都不一定真实，更何况道听途说的呢？"

同学们，有时候连亲眼所见的都不一定真实，更何况是听来的传闻？所以我们一定要"三思而后行"，谨慎判断，不轻易相信别人所说。

三、积极体验

（一）小实验："散布谣言"

老师选一组学生，告诉第一个学生一句话，要求他悄悄告诉第二个学生，只许说一遍。第二个学生再悄悄告诉第三个学生，以此类推。最后一个学生大声说出他所听到的话，让同学们比一比最后听到的这句话与老师的话差别有多大。

思考以下问题，与周围的同学说一说想法。

1. 互相传话会有差别吗？

2. 轻信并散布没有根据的话，有没有危害？

（二）虚假记忆实验

老师邀请参加实验的学生告诉自己的弟弟妹妹，弟弟妹妹在五岁时曾在商场走失。几天后，参加实验的学生询问自己的弟弟妹妹当时在商场的场景。

大量实验表明，被试的弟弟妹妹将十分生动地叙述当时在商场走失的场景，甚至会描述自己的心理状态与家人的行为。

美国心理学家洛夫特斯的一系列实验证明，人不仅会因他人有意或无意的暗示而扭曲自己的记忆，甚至可以被植入虚假的记忆。

四、方法指南

事例一：2011年3月11日，日本爆发大地震，地震引发的巨大海啸致使福岛第一核电站核泄漏。当时有人传言，核电站核泄漏将导致食盐被污染，一时间，全国上下掀起"买盐热"，超市货架上的食盐被人们一扫而空。

你认为"食盐被污染"是谣言吗？如果你的家人也大量囤盐，你会怎么做？

事例二：小红的笔盒不翼而飞，此时，班里有人说小美多次拿着小红的笔盒欣赏，还经常和班上其他同学说自己很喜欢小红的笔盒。于是，有几名同学起哄说小美偷走了小红的笔盒。

你认为我们是否应该相信小美偷走了笔盒？听了这些话，你是怎么想的，会怎么做？

温馨小提示：面对冲突、模糊和不确定性信息的时候，其实我们都是在自己期望和理解的范围之内选择符合我们理念、态度和经验的各种信息。这种心理特点在大多数情况下也许并没有太大的危害，它使我们变得自信、自尊且有控制感，但问题是，当新的证据和我们的信念发生冲突的时候，这种偏见就会让我们有意识地排除、忽视、篡改真实的信息。如果我们的理念已被实践证明是错误的、不真实的，很有可能引发由于偏见而造成的不正当的行为。

五、心理科学链接

拼凑的线索是真的吗？

在一个实验里，研究员用计算机生成了各种几何形状：圆形、方形、三角形，并让它们随机互动，形成了各种毫无意义的情境，然后让来自世界各地的被试来解释这些随机运动产生的原因。结果所有被试都给出肯定的、有声有色的，甚至极富想象力和创造性的故事来，比如三角情仇、江湖恩怨、夫妻背叛、父女情深等。这充分表明，人类不能够接受不确定性和模糊性，即使对一些几何形状之间的互动，也能给出明确而且肯定的回答。

第八节
我有一颗勇敢的心

一、《论语》导读

（一）跟我读

子曰："知者不惑，仁者不忧，勇者不惧。"

——《论语·子罕》

（二）跟我译

孔子说："聪明的人不会迷惑，有仁德的人不会忧愁，勇敢的人不会畏惧。"

二、心灵启航

运动会上，小王站在男子两百米决赛的起点，班里的很多同学、老师都站在跑道两边为他加油。"砰——"信号枪响了，小王和身旁的选手一起向前冲去。身边的对手已远远落在小王后面。终点离自己越来越近，小王听到同学、老师的加油声越来越大了。突然，小王的左脚不知被什么东西一绊，整个人重重地摔在了地上。一刹那，小王想到自己为了比赛，每天放学后都练习到天黑，自己付出了很多的努力，还想到同学、老师对自己的期望，看着自己不知何时松开的鞋带，泪水瞬间涌上眼眶……但是，他马上调整自己的情绪，勇敢地爬了起来，咬紧牙关冲向终点。这样的小王，是不是特别勇敢呢？

孔子说"勇者不惧"，在面对困难和挫折时，应该咬咬牙勇敢前行，不惧怕任何阻力，这样的你就是生活中英勇的战士！

三、积极体验

（一）再现生活辨勇敢

请同学们说一说，以下 3 个事例，哪些是真勇敢，哪些是假勇敢！

1. 小李在台上唱歌时跑调，台下几个同学嘲笑他，但小李坚持完成了自己的表演。

2. 小詹在旅游途中看到河中有人溺水，她不顾朋友的阻拦，跳下水营救溺水者。

3. 小萌在放学路上发现，离学校不远处有几个高年级学生在欺负同班同学，她迅速跑回学校向老师报告情况，和几位老师一起保护同学。

> 温馨小提示：有一颗勇敢的心是好的，但是也要量力而行，做富有智慧的勇敢少年，而不是盲目的勇敢！

（二）自我测试悟勇敢

一共 7 个问题，若回答"肯定"不得分，"否定"得 1 分，快拿起笔给自己打打分，分越高，就越勇敢！

1. 你自己睡觉会害怕吗？（　　　）

2. 晚上爸爸妈妈外出办事，你一个人在家会害怕吗？（　　　）

3. 做不出题，你会发脾气吗？（　　　）

4. 在全班或者全校师生面前演讲，你会害怕吗？（　　　）

5. 运动会上，参加跑步比赛摔跤了，你会就此放弃吗？（　　　）

6. 面对别人的误解，你会藏在心里不说出来吗？（　　　）

7. 每次考试都考得不太理想，你会哭泣和放弃吗？（　　　）

四、方法指南

在思考克服恐惧的方法之前先听听这个故事吧!

康奈尔大学的一位教授做过这样一个实验,让一个学生穿着印有过气歌星头像的上衣走进一间教室,这个学生认为有 50% 的学生会注意到他的衣服,而实际上只有 23% 的学生注意到了。这就是著名的聚光灯效应,意思是没人像你一样关注自己。

有不少人在站上舞台或者在众人面前讲话时害怕出丑,但从这个实验我们可以看出,人们总是会不经意地把自己的问题放大,而实际上并没有那么多人会在乎你的小失误。那么,为何不勇敢一点,去尽情地尝试自己想做的事情呢?

五、心理科学链接

堵不如疏

有研究表明,10 ~ 12 岁(四~六年级)年龄阶段的孩子在外界信息和内在主观意识的影响下,开始具有独立思考和判断的能力。此时,强烈的好奇心和探索欲会驱使孩子去尝试新事物。与此同时,有些家长认为"孩子还只是个孩子",担心孩子由于缺乏社会经验而在尝试的过程中屡屡碰壁,进而去阻止孩子尝试新事物。但毫无理由的"禁"反而可能让孩子怀疑这种"禁"的合理性,产生逆反心理,从而激发孩子打开潘多拉盒子的愿望。面对外界的信息大军,例如网络游戏,家长可以采用"堵不如疏"的方式,设立一些相关的规则,毕竟,游戏世界里也是有相应规则的,这种方式不会令孩子太反感。

第九节
开出诚实之花

★·· ═══════════════════ ★·· ★··

一、《论语》导读

（一）跟我读

子曰："由，诲女知之乎！知之为知之，不知为不知，是知也。"

——《论语·为政》

（二）跟我译

孔子说："子路，我教你怎样叫作有智慧吧！知道就是知道，不知道就是不知道，这就是智慧。"

★·· ═══════════════════ ★·· ★··

二、心灵启航

数学期末考试时，李芳有很多题不会写。时间飞逝，李芳心急如焚，一想到爸妈知道自己数学成绩后失望的表情，她就非常难过。但她突然发现，自己能看见旁边数学课代表的卷子。这时候李芳心想："如果抄她的卷子，我的数学成绩就会很高，老师会表扬我，爸妈会奖励我，同学们也会觉得我很厉害。那到底要不要抄呢？"

孔子说过，知道就是知道，不知道就是不知道。诚实是千金难买的好品质，应该倍加珍惜，用心滋养，让心中开满诚实之花。

三、积极体验

（一）分享"诚实"小故事

同学们以四人为一小组，分享你的"诚实"小故事，自由选择你想表现的形式，如情景剧、谈感想、诗歌朗诵等。最后由老师根据故事内容及表演形式评分，选出前三名的小组，颁发"诚实小徽章"。

（二）心理剧场：纠结的小李

小李和小王约定周日一起去图书馆学习，但小李因睡过头而没能按时到达。小李觉得很不好意思，但不知道如何向小王解释。他犹豫要不要编个谎言，说是因为塞车才迟到。你觉得小李应该如何向小王解释呢？

四、方法指南

如何成为一个诚实的孩子？下面的小方法，你来试试看吧！

（一）克服心理障碍，不断进行心理暗示

告诉自己如果欺骗别人，就会给别人造成伤害，也会让知道真相的家人和朋友对自己失望。所以，如果自己有不诚实的行为，要大胆说出来，承认错误。如果你能坚持，相信我，你会慢慢改掉不诚实的行为，成为一个自觉守信的好孩子。

（二）养成诚实好习惯

制定一个小目标，要求自己一周内不许撒谎，养成好习惯。方法：准备一本小日历，一天结束后思考自己有没有撒谎，没有的话，就在那一天画一朵小花奖励自己，如果撒谎了就把这件事写下来吧！

（三）选择一句诚实的座右铭

将座右铭写下来，贴在书架上，时刻提醒自己做一个诚实的孩子，这样的方式会使你更有动力！

五、心理科学链接

阿Q精神和"积极心态"

阿Q是鲁迅先生1921年在《晨报》副刊上发表的中篇小说《阿Q正传》的主人公：一个遭遇压迫、备受屈辱的雇农流浪汉，他在任何情况下都能安慰自己，都以为自己是"胜利者"。

积极心理学是建立在科学原则基础上的一个新兴领域，科学的一个基本原则就是相对的真实性。我们不一定能够完全知道自然世界和人类生活中所有真实的情况，但起码我们不能否定事实、证据和现实。比如，同样是面对雾霾天气，"阿Q精神"通常是不承认它存在，或者以为大家都是"平等的"受害者而淡化它的危险，甚至变态地认为它是人间最美好的体验；而"积极心态"想到的却是如何去应对、如何去改变、如何去进步。

第十节
你有善于发现的小眼睛吗？

一、《论语》导读

（一）跟我读

孔子曰："君子有九思：视思明，听思聪，色思温，貌思恭，言思忠，事思敬，疑思问，忿思难，见得思义。"

——《论语·季氏》

（二）跟我译

孔子说："君子有九件要思考的事：看的时候，要思考是否看清楚；听的时候，要思考是否听清楚；自己的脸色，要思考是否温和；自己的容貌，要思考是否谦恭；言谈的时候，要思考是否忠诚；办事的时候要思考是否谨慎严肃；遇到疑问，要思考是否应该向别人询问；气愤发怒时要想想可能产生的后患；看见可得的要想想是否合于义。"

二、心灵启航

蒸汽机的来源

一天，小瓦特在外婆家睡觉，忽然听到"咯噔咯噔"的声音。小瓦特随着声音去看，才发现是水壶里的热水烧开后，热水推动壶盖发出的声音。小瓦特想：为什么壶盖会上下跳动呢？细心观察后，他发现，原来是水蒸气在推动壶盖。小瓦特发现了这个现象，做了实验来验证，终于发现水蒸气的巨大力量，由此发明了蒸汽机。

同学们，你们也拥有一双善于观察的小眼睛吗？善于观察是一种能力，对人、对事你都要善于观察，就如孔子所说的"视其所以，观其所由，察其所安，人焉廋哉"。只有不断地观察，你才能找到事物的真相！

三、积极体验

（一）谈一谈：我的洞察力

当你抬头仰望月亮时，你是否注意过月亮在跟着你一起走呢？当你在公园散步时，你是否注意过自己的影子有时候变长，有时候变短呢？当你与同伴玩游戏时，你是否会观察对方的表情来猜测对方的想法呢？细心的你一定会发现，洞察力一直在陪伴着你。和小伙伴说一说，你还在什么时候运用过洞察力吧！

（二）做一做：我是小小观察员

在家里养一盆植物或一只小动物，仔细观察它的成长过程，并做好观察笔记。

四、方法指南

洞察力并非是天生就有的，它需要我们不断练习与领悟。那么，如何拥有洞察力呢？

（一）先养成观察的好习惯

从今天起，观察爸爸妈妈每天的打扮是否发生了变化，他们的心情是否也发生了变化？学校的午餐是否与昨天的不同？从身边的小事开始，慢慢培养自己的观察力吧！

（二）对观察到的一些有趣的现象进行思考

想想为什么月亮有时候圆，有时候缺？为什么树木在秋天会落叶？先自己思考，如果想不明白，可以查阅图书，或向老师、家长或者好朋友寻求帮助！

（三）学会总结，提高观察能力

对于平时掌握的科学规律和知识，要及时积累、及时总结，才能提高自己的观察力。

五、心理科学链接

是不是好理由？

20世纪70年代，心理学家埃伦·兰格曾做了一个著名的实验。图书馆里，人们在排队等待复印时，实验者去问排在最前面的人："不好意思，我只有5页要复印，你可以让我先复印吗？"只有60%的人会同意。她接着做实验，这次找了一个理由："不好意思，我只有5页要复印，你可以让我先复印吗？因为我赶时间。"结果有94%的人会同意她先复印。这是可以理解的，因为赶时间是个很好的理由。令人吃惊的是接下来的实验中，实验者去问排在最前面的人："不好意思，我要复印5页，可以让我站在你前面吗？因为我想复印。"居然会有93%的人会同意。这个理由不是个好理由，因为每个排队的人都是想复印，那么，为什么会有这么多人同意呢?

很多时候,人其实处在无意识的"潜念"状态中,并没有意识到自己的心理活动,而是按照自动化的思维对外界做出反应。仅仅因为对方说出来了"因为"这个词,我们就会潜意识地认为对方有理由,尽管这个理由根本不成立。

因此,在生活中我们需要时不时地停下脚步,思考一下:我们正在做什么、在某个情境下是怎么反应的、为什么会有这样的反应、还有没有别的选择?这就是所谓的"专念",即关注当下,身心合一。

第十一节
你是一个有想法的孩子吗?

一、《论语》导读

(一)跟我读

子曰:"吾有知乎哉?无知也。有鄙夫问于我,空空如也。我叩其两端而竭焉。"

——《论语·子罕》

(二)跟我译

孔子说:"我有知识吗?其实没有知识。有一个乡下人问我,我对他提的问题本来一点也不知道。我只是从问题的正反两面去问他,这样就帮助他把此问题全部搞清楚了。"

二、心灵启航

我们都知道"司马光砸缸"的故事，一个小孩子掉进缸里，孩子们只想到大喊救命和用手拉起缸里的小孩子。只有司马光想出了一个好办法，就是拿石头砸缸，让水流出来，缸里的小孩子就不会被水淹死。这是多好的办法呀！

在日常生活中，你们遇到事情也能想出好的办法解决吗？

三、积极体验

脑筋转一转

1. 如何测量出在水里的皇冠的体积？

2. 如何一笔画出一个圆，中间有一个点？

3. 如何只移动一根火柴让公式成立？（如下一页图）

四、方法指南

下面这些方法可以让你变成一个全面思考问题的孩子！你不妨试试看吧！

（一）全方位观察

遇到问题可以多方面思考，这样想出来的方法会更全面！

（二）表达准确

当你有了想法之后，要用恰当的词语加以表达，这样别人就能很快知道你的意思，还能避免误解，且有助于培养思维的敏捷性。

（三）找出规律性

在做题或者游戏中善于观察，找到其中的规律，进行总结，有助于培养思维能力，以后遇到问题也能很快解决。

（四）加强学习

对这个世界要保持好奇与乐趣，通过学习进行思维能力的开发。知识不能代替思维，思维不能取代知识，多看书、多写字，学习得多了，见闻多了，思维自然也就打开了。

五、心理科学链接

家庭教育中的阅读教育

书中自有黄金屋，现代教育越发重视学生的课外阅读。那么，家长如何帮助孩子爱上阅读呢？打造书香之家，可以从以下几个方面入手。

1.给予孩子自主选书的权利，可以适当推荐一些读物，譬如经典读物或者学校列的读书清单等。

2.从自身做起，父母树立榜样，是帮助孩子爱上阅读的最好方式。

3.周末多带孩子逛逛书店，让孩子广泛地了解图书的类型，提高阅读鉴赏水平。

4.鼓励孩子大声朗读，读完复述一下故事，并说说自己的感想。

第十二节
约束即成长

一、《论语》导读

（一）跟我读

子贡曰："君子之过也，如日月之食焉：过也，人皆见之；更也，人皆仰之。"

——《论语·子张》

（二）跟我译

子贡说："君子的过错好比日食和月食。他犯过错，人们都看得见；他改正过错，人们都仰望着他。"

二、心灵启航

同学们，《左传》中说"人谁无过"。是啊，再伟大、再了不起的人都有犯错的时候，但是能认识到自己的错误并及时改正，是在进行自我规范，让自己越来越好，相信这样的人日后一定会有所作为，有所成就。

三、积极体验

（一）典故重现：负荆请罪

请你和你的同学来演一演"负荆请罪"的故事，并思考：为什么廉颇与蔺相如最后化解了矛盾，结为挚友？

（二）制作一张计划表

善于利用时间，就成功了一半。请同学们一起计划周末两天的学习和娱乐时间，写在表2-3里，让你的校外生活更加充实吧！

表2-3　周末计划表

时间	内容	备注

四、方法指南

如何提高自我控制能力呢？怎样进行自我约束呢？同学们不妨试试下面的三种方式，看看自己哪种方式能坚持更久。

（一）做到"吾日三省吾身"

每天都要花点时间反省自己这一天所做的事情，多思考、多反省，才能找出自己的不足，并加以改正。

（二）制订持之以恒的小计划

比如，运动小计划，每天跳绳100次或者做3组俯卧撑，坚持一个月，约束自己锻炼身体。说说在坚持计划的过程中，你遇到了哪些困难，又是如何解决的呢？

（三）尝试养一株自己喜欢的植物

坚持照顾好这株植物，看看自己的自我控制力有没有得到提高。

五、心理科学链接

自我控制力

曾经有研究表明，自我控制力较高的孩子，更有可能来自一个经济、社会地位较高的家庭。研究结果还表明，童年自我控制力越强的人，成年后更不容易产生吸毒等犯罪行为。在经济方面，童年自我控制力越强的人，他未来的经济更有计划、更喜欢储蓄、更愿意理财、信誉更良好。

第十三节
诚信是金

一、《论语》导读

（一）跟我读

子曰："人而无信，不知其可也。大车无輗（ní），小车无軏（yuè），其何以行之哉？"

——《论语·为政》

（二）跟我译

孔子说："一个人不讲信用，是绝对不可以的。就好像大车没有輗、小车没有軏一样，它靠什么行驶呢？"

二、心灵启航

美美长得漂亮，能歌善舞，成绩优异，可是班上的同学都不喜欢她，不和她玩。老师觉得很奇怪，就问班上的同学。小景说："她借了我的书，说三天之后还，可是一个星期过去了，她还没有还！"小杰说："我们说好了互送喜欢的贴纸，可是我送她了，她却没有送给我。"小鑫说："我约了她几次去图书馆学习，她每次都答应了，但是都没有去。"美美听到同学们的"控诉"，羞愧地低下了头。

韩非子说："内外相应，言行相称。"所以美美再优秀，没有做到言行一致，同学们也不会喜欢她。可想而知，诚信是多么重要啊！

三、积极体验

（一）攒金子：我的"诚信金"

把你讲诚信的行为写在金子里吧！诚信的行为越多，金子就越多！写完和你的同学分享一下吧！

（二）诚信小调查

以下行为你能做到吗？能做到的打"√"，不能做到的打"×"，并在下面写写为什么不能做到，能不能努力改正。

1. 你拿到了一张没有写名字的 100 分卷子，能如实交给老师。（　　）

2. 你在没有人看见的地方捡到 100 元人民币，能上交。（　　）

3. 你在超市里买了东西，服务员找给你的零钱多了，你能如数归还。（　　）

4. 你很喜欢同学的东西，但是跟同学借了之后，他忘记了这件事，你还是会还给他。（　　）

5. 答应了父母、老师、同学的事情，能经常做到。（　　）

做一个反思小能手，你会更优秀！

以上的行为，我最难做到序号（　　），因为＿＿＿＿＿＿＿＿，我觉得我可以这样改正：＿＿＿＿＿＿＿＿＿＿＿＿＿＿＿＿＿＿＿＿＿。

四、方法指南

我来告诉你，如何成为一个诚信的好孩子，你不妨试试！

（一）不轻易许诺

做承诺时要想清楚，对于自己做不到的事情，要诚实地回答，礼貌地拒绝。

（二）要说到做到

俗话说，一言既出，驷马难追。答应别人的事情，要尽自己最大的努力做到。重视自己做出的每一个承诺，即使是一件小事。

（三）及时反思

"人非圣贤，孰能无过"，再诚信的人也有不诚信的时候，但是，做了不诚信的事情后要及时反思、及时改正，否则会渐渐变成不诚信之人。

五、心理科学链接

承诺规则

承诺规则就是要求我们必须恪守自己的言行，这也是心理学上有效说服他人常用的一种技巧。"一诺千金"和"人如其言"都反映了我们文化中的一个行为准则——遵守自己的诺言。违背诺言是一种不好的行为，会导致人们之间的不信任。那些言行不一致的人或者违背诺言的人，会让人觉得难以信赖，被称为"伪君子"或"不守诚信的小人"。因此，忠实于自己在自由选择情况下的承诺，是我们从小就接受和遵守的一种规范。言行一致是每种文化都欣赏的社会价值。

第十四节
正则"品"端，直则"人"立

一、《论语》导读

（一）跟我读

子曰："人之生也直，罔之生也幸而免。"

——《论语·雍也》

（二）跟我译

孔子说："一个人的生存是因为正直，而不正直的人也能生存，只是他侥幸地避开了灾祸。"

二、心灵启航

小鹏是班里最受欢迎的同学。有一次，五六个高壮的男同学把一个女孩围在教室的角落，对女孩进行语言攻击，其他同学只是围着看，都不敢上前阻止。而长得瘦弱的小鹏却勇敢地走上前，阻止了他们的行为，赢得了在场同学们的掌声。还有一次，一个横行霸道的高年级男生踢足球时，不小心把学校的玻璃打碎了，他还威胁看见的学生不准说出去，而小鹏不怕威胁，勇敢地告诉了老师。班上的同学越来越喜欢小鹏，都喜欢和小鹏做朋友。

小朋友们，你们喜欢和小鹏做朋友吗？

王文禄说："人之生也直，心直则身直，可立地参天。"看来正直是我们身上不可或缺的重要品质。我们要做一个正直的人，才能赢得别人的欣赏和掌声。

三、积极体验

（一）分享"正直"小故事

我国有许多正直的伟人，请你搜集他们的正直小故事，并分享给你的组员吧！

（二）正直行为小测验

以下的正直行为，你能做到多少呢？

1. 见到同学被欺负，你能勇敢地站出来阻止。

2. 听到有人捏造事实，你能站出来解释事情的真相。

3. 不在背后说别人坏话。

4. 如果你是班干部，你的好朋友违反班级规定，你不会包庇他。

5. 说到做到，答应别人的事情你能做到。

在你眼中，你觉得正直的行为是怎么样的呢？请你告诉大家吧！

1. _____

2. _____

四、方法指南

"在这个世界上，每个人都有两样东西谁也拿不走，一个是知识，另一个是信誉。老师只要求你们做一个正直的人。不论你将来是贫或富，也不论你将来职位高低，只要你是一个正直的人，你就是我的好学生。"这段话是一位正直的校长在每年的开学典礼上都会说的话。

你的老师也一定希望你成为一个正直的人，下面的正确做法也许能给你启示！

（一）要有明辨是非的能力

想要成为一个正直的人，首先对事情要有正确的判断和认识，形成正确的观念。

（二）多思考、多反思

在学习和生活中遇到事情，要多想想什么才是最正确的解决方法。

（三）"近朱者赤，近墨者黑"

多与正直的人做朋友，你会慢慢被他们影响，和他们一起成为正直的人。

五、心理科学链接

邪恶的平庸

1960年5月11日，在第二次世界大战期间直接负责屠杀犹太人的德国战犯阿道夫·艾希曼被捕后，就被秘密运送到以色列受审，并由此而引发了人类思想上的一场大辩论。

在法庭上，艾希曼反复辩解，他只是执行了命令而已。在生活中，他是个不抽烟、不喝酒、不受贿的所谓"好男人"。但在受他管辖的匈牙利，几十万犹太人被送进了集中营的毒气室，而且每一个死亡令都是他亲自签署的。

著名思想家汉娜·阿伦特出席了艾希曼的受审现场，并由此发表了其影响深远的作品——《邪恶的平庸》。汉娜认为，其实在很多时候，邪恶的事多是由普通人做的。战争中大多数犯罪的人只是命令的消极执行者，艾希曼在很多时候也没有意识到自己在犯罪，他是滔天大罪下的一介平庸小官。今天看来，在很多人都卷入一场集体犯罪的时候，也许确实需要有人来唤起这些人内心的良知。然而，在类似的情形下，可怕的是普遍的沉默。

第二篇

积极关系

第三章　同理心

第一节
我会将心比心

★··· ··· ··· ··· ··· ··· ··· ··· ··· ··· ★★★

一、《论语》导读

（一）跟我读

己所不欲，勿施于人。

——《论语·颜渊》

（二）跟我译

自己不愿意要的，也不要强加于别人。

··· ··· ··· ··· ··· ★★★ ··· ··· ··· ··· ★★★

二、心灵启航

（一）同学们，我们来完成一个小测试，看看你们是否拥有同理心

1.你的好朋友做了一件你很不喜欢的事情，你会去问他为什么要这样做，并且选择原谅他吗？

〇 是　　　　〇 否

2.你很努力地学习，但是考试成绩不理想，老师不高兴地批评了你，你会理解老师的心情吗？同时你会从自身找原因，尽力把学习成绩再提高一下吗？

〇 是　　　　〇 否

3.如果一个朋友忽然疏远了你，你会首先想是不是你做错了什么吗？

〇 是　　　　〇 否

4.你和朋友发生争执之后，你会主动找他和解吗？

　　　　○是　　　　○否

5.当别人不理解你的做法时，你会想到是不是你自己做得不恰当吗？你会尝试去理解别人，并告诉别人你的想法吗？

　　　　○是　　　　○否

（二）请用手指摆一个"人"字给大家看，摆的角度能说明我们看问题的角度

我们在生活中不能只关注自己，而应该将心比心，多想一想发生在别人身上的事情如果发生在自己身上，自己会怎么做，是什么心情。这样的话，你就能包容、体谅他人了。

三、积极体验

（一）迷你情景剧：邻居的瓜秧

从前，有两家人是邻居，一家姓邹，一家姓王。他们在各自的田里种了西瓜。王家的人非常勤劳，瓜秧长得又高又大；而邹家的人特别懒，种的瓜秧又细又弱。邹家嫉妒王家的瓜秧，趁着半夜没有人，把王家的瓜秧都扯断了。第二天早上，王家看到自己家的瓜秧全断了，非常气愤并报告村长，也想把邹家的瓜秧扯断。村长说："邹家这样做确实很不对。可是，我们明明不愿意他们扯断我们的瓜秧，为什么我们还要去扯断人家的瓜秧呢？别人做得不对，我们再跟着这样做，不就是跟别人一样了吗？你们不妨试试，从今天起，你们每天晚上都悄悄地给别人的瓜地浇水、除草。"于是，王家就按照村长的话去做了。一个星期过去了，邹家发现自己的瓜秧长得一天比一天好，非常高兴，后来发现，原来是王家每天悄悄地来给自己的瓜地浇水。邹家知道以后，被王家的大度和诚心感动，特地送了一份重礼给王家，表达愧疚和感谢。

表演上面的情景剧，同桌之间互相说说王家的做法好在哪儿。

温馨小提示：在生活中，我们会遇到很多类似的烦恼。其实，只要站在对方的角度去想，把对方当作自己，也许你就能够理解对方当时的心情和行为，也就能做出正确而合理的决定！

（二）心理剧场：安慰小新

你的同学小新最近心情不好，因为她的好朋友突然不理她了，当你得知之后，你会选择哪种方式安慰小新呢？跟你的同学演一演吧！对照表3-1，问问自己："我达到了同理心的哪个等级？从这些等级中，我知道了什么？"

表3-1　事项描述及同理心的五个等级

事项描述		小新说："我与好朋友方方的关系突然变得很不好，这几天我和她讲话，她没有理我。"同学们，你们会怎样和她说呢？
同理心的五个等级	一级	（微笑着摇头）"不可能吧，我看你们相处得还挺好的，你是不是想多了？"
	二级	（很镇静，语气平和）"我看得出你们最近不怎么说话，感觉关系没有以前那么好了。"
	三级	（点着头，皱着眉）"原来你这几天不开心，是因为你们的关系变得不那么好了。"
	四级	（点着头，声音很柔和）"要不我去了解一下情况，帮你们缓和一下紧张的关系吧！"
	五级	（点着头，皱着眉，声音很柔和）"我也发现她现在不理你了，你们的关系变得越来越紧张了。你好好想想，最近你有没有做什么她不喜欢的事情，以至于她误会你了？我有个建议，你写个纸条给她，问问什么原因，或许她就会回复你了。"

四、方法指南

同学们，怎样才能将心比心，拥有同理心呢？如果你能做到以下几点，你在班级里就会很受欢迎！

（一）学会换位思考

遇到问题时，首先要听听别人是怎么说的，然后从他的角度去想这件事情。比如，当好朋友突然对自己不友好时，那你就要多反思自己的言行：自己平常是怎么对待好朋友的？好朋友是不是遇到不开心的事情了？你又能为他做什么？如果你会这样做，你一定能获得更多的友谊。

（二）保持冷静

当发生冲突和口角时，在心里暗示自己要冷静，想一想怎样处理发生的事情。

（三）不要试图改变别人

在任何时候，不要想着去改变别人，而要想想用什么有效的方法和行为去说服别人。

五、心理科学链接

心连心

同理心不但可以帮助我们理解别人，更可以帮助我们在欣赏他人成就的过程中让自己开心。看到别人的奋斗可以让我们激动，看到别人的拼搏可以让我们思考……我们没有必要自己去尝试各种生活阅历，却能从中感受到当事人情感的波折和升华，这样的一种心理能力会让我们产生愉悦、快乐、积极的感受。这也许就是同理心对我们幸福体验的启示。

第二节
带上尊重和理解，从"心"出发！

★··· ············· ★··

一、《论语》导读

（一）跟我读

子曰："夫仁者，己欲立而立人，己欲达而达人。能近取譬，可谓仁之方也已。"

——《论语·雍也》

（二）跟我译

孔子说："至于仁人，就是要想自己站得住，也要帮助人家一同站得住；要想自己过得好，也要帮助人家一同过得好。凡事能就近以自己作比，而推己及人，可以说就是实行仁的方法了。"

············· ★·· ············· ★··

二、心灵启航

有一次，诗人歌德和一位一直反对他的批评家狭路相逢。那位批评家对歌德说："我这人从来不给蠢货让路。"歌德笑应："而我却恰恰相反。"（言外之意是他会给傻瓜让路）话毕，歌德就闪身，让批评家过去。那个批评家是聪明人吗？你猜他听了歌德的话会怎么回答？歌德自始至终都没有说一句讽刺批评家的话，只是用谦让的行动和委婉的语言巧妙地应对。

孔子曾说过："君子和而不同，小人同而不和。"歌德在无礼的批评家面前不恼不怒，不卑不亢，既表达了自己，又维系了"和"的氛围。不懂得尊重他人的批评家，也一定不会得到他人的尊重。其实尊重别人就是尊重自己，切勿伤害对方的尊严，否则受损失的一定是自己。现在，就让我们带上对别人的尊重和理解，从心出发吧！

三、积极体验

（一）制作歉意卡

常言道，种花之人身边布满鲜花，而种刺之人周围却环绕荆棘。在生活中也许你曾经浑身带着刺，有意或无意地伤害到了周围的人，如父母、同学、老师。

想一想，你对谁愧疚最深？

请把你对此人想说的话写在致歉卡上，表达你的歉意。

（二）自我反思之尊重

请同学们问问自己：

1.我有没有真的打心底去尊重一个人？

2.我有没有时刻要求自己成为一个尊重他人的人？

3.尊重一个人应该怎样做？

致歉卡
_____
_____
_____
_____

温馨小提示：什么是尊重？尊重是一种平等的、开放的心态及设身处地的关照。尊重来自心底，无关外物。尊重一个人，需要留给对方足够的空间、时间及尊严。

四、方法指南

如何在时间、空间、尊严方面去尊重别人？

致歉卡

（一）从礼仪上尊重别人

如果我们衣着邋遢，头发凌乱，还不收拾好自己的东西，这样不仅不利于良好习惯的养成，还透露出对老师、同学的不尊重。站着和他人交谈时，我们要看着对方的眼睛，不做小动作，如抖腿、把玩小东西等。在与长辈交谈时，我们不跷二郎腿。

（二）从态度上尊重别人

比如，在上课、同学发言及与他人谈话时，我们要学会倾听。此外，守时也是一种尊重，因为别人的时间同样很宝贵。

（三）做事和说话分场合

如别人办丧事，我们要对逝者家属表示同情；别人办喜事，我们要把风头让给主人；同学没考好，我们也不必大谈特谈自己考得如何好。

（四）君子和而不同

在和他人讨论问题时，我们难免会遇到他人和自己意见相左的时候。我们可以辩论，碰撞出思想的火花。但前提是，不能因为他人的想法和意见与自己的不同，而轻视甚至侮辱对方。

五、心理科学链接

心有敬畏，行有所至

德国哲学家康德曾经说过："有两样东西，我对它们的思考越是深沉和持久，它们在我心灵中唤起的赞叹和敬畏就会日新月异，不断增长，这就是我们头上的星空和心中的道德法则。"中国人也常说，"君子之心，常怀敬畏"。心有敬畏，行有所至。

那么，什么是敬畏？敬畏对我们意味着什么？"敬畏"的概念非常宏大，古老而又新鲜，在社会与文化层面均具有不同且相关的含义。其实，不论我们是仰望星空，还是欣赏宏伟的建筑，聆听激动人心的教诲，我们都会从心底产生一种复杂的、难以描述的复合情绪，它包括崇拜、喜爱、震撼、自我渺小感等，这些复杂情绪就构成了"敬畏"的心理基础。

第四章　有效倾听

第一节
相信的力量

一、《论语》导读

（一）跟我读

曾子曰："士不可以不弘毅，任重而道远。仁以为己任，不亦重乎？死而后已，不亦远乎？"

——《论语·泰伯》

（二）跟我译

曾子说："士人不可以不心怀宽广、坚韧而有毅力，因为他责任重大，路途遥远。把实现仁作为自己的责任，难道还不重大吗？奋斗终生，到死才停下来，难道路途还不遥远吗？"

二、心灵启航

因为士人有信仰，因此，即使路途遥远，也可以成事。

事实上，相信的力量可比我们想象的要强大得多。在苏联，有一个人被意外锁在了冷藏车里。第二天，当人们打开车时，发现他已被"冻死"在里面，身体呈现出冻死的状态，但实际上这车里的冷冻装置处于关闭状态，车厢内的温度与外面无异，冻死人的可能性几乎不存在。但是，为什么这个人会死了呢？

因为在冷藏车里的那个人发现自己在冷藏车里时，就从心里坚信自己肯定会被冻死。他不是真的被冻死，而是在不断地对自己进行"我要被冻死了"的心理暗示下，把自己给"吓"死的。

三、积极体验

（一）体验自我暗示

1. 准备好纸笔，完成三个句子。

"我无法做到……"

"我无法实现……"

"我无法完成……"

写完后反复大声地读给自己，以及周围的人听。

2. 把原来所有的"我无法"三个字画掉，改成"我不要"，继续反复大声地读。

3. 把所有的"我不要"三个字画掉，改成"我一定要"，再次反复大声地读。

4. 谈谈经历了这三个阶段后你的心理感受。

（二）半杯水思维

1. 消极的自我暗示看到的是少了一半的水。

2. 积极的自我暗示看到的是还有一半的水。

3. 问问自己，在我们的人生当中，我们关注得更多的是自己所没有的，还是自己所拥有的？

四、方法指南

同学们，怎么样才能让我们相信自己和相信别人呢？你可以试试下面的方法，说不定对你有帮助！

（一）照照镜子

找一面大镜子，每天早晚都笔直地
站立在镜子前，直视自己的眼睛，大声
说出想要达到的目标。吐字要清楚，语
气要坚定有力，充满自信。每天坚持，
直到愿望达成。

（二）写下来

找一张小巧的卡片，在上面清楚、
简洁地写下你所希望达到的目标，以及
实现这一目标的具体时间和你愿意为之付出的代价。把这张卡片放进口袋
里，每天早晨起床和晚上睡觉前，拿出卡片，充满仪式感地大声读出上面
的内容，自信到你感觉真的已经达到了目标。

（三）自我肯定法

看看下面两幅图，选出最符合自己的那幅。

我一定要绕过这棵树。　　　　　　　　　　　　我一定不能撞上这棵树。

五、心理科学链接

皮格马利翁效应

1968 年，美国心理学家罗伯特·罗森塔尔教授和 L.雅各布森教授，来到美国加州的橡树小学，进行一项心理学的研究。他们从一至六年级，各选了 3 个班，对这 18 个班的学生进行了所谓的未来发展趋势测量。之后，罗森塔尔以心理学专家的口吻，将一份所谓最有发展前途者的名单交给了校长和相关的老师，并叮嘱这些老师务必要保密，以免影响实验的正确性。其实呢，罗森塔尔是撒了一个谎言。名单上的学生其实是随便挑选出来的。8 个月之后，罗森塔尔和他的助手们对这 18 个班的学生进行复试，结果奇迹出现了。凡是上了这份名单的学生，成绩都有了较大的进步，且性格活泼开朗，自信心强，求知欲旺盛，喜欢和别人交往。这样积极的预言被称作皮格马利翁效应。但是，如果我们有一些消极的预言，是不是会带来消极的结果呢？没错，预言可能是积极的，也可能是消极的，还可能是某种信仰，甚至是一种错觉。某种程度上，自己心里的判断之所以会变成现实，是因为这种预言会在极大程度上影响人们的行为，使人们的行为最终验证了预言。

第二节
你撒过谎吗？

一、《论语》导读

（一）跟我读

子曰："巧言令色，鲜矣仁！"

——《论语·学而》

（二）跟我译

孔子说："花言巧语，装出和颜悦色的样子，这种人很少有仁心。"

二、心灵启航

　　一个人走在漫长的人生路上，来到一个关口时，她已经得到了"名声""机智""才华""健康""美貌""诚信""金钱"七个宝物。为了通关，她必须舍弃一个宝物。考虑了一会儿，她把"诚信"给舍弃了。

　　现在，这个人带着剩下的宝物，来到某企业应聘。假如你就是负责招聘的人事主任，你想不想让她成为你们企业的一员？

　　想必答案是否定的，因为诚信是为人之本！曾子曾经说过："吾日三省吾身。为人谋而不忠乎？与朋友交而不信乎……"他每天多次反省自己，为别人办事是不是尽心竭力了呢？同朋友交往是不是做到诚实可信了呢？

三、积极体验

（一）信任小游戏

　　三人一组，同向站立，一人在前，两人并列站立在后，前面的人向后倾倒，后面的人给予支撑。

1.如果你是站在前面的人，你敢向后倾倒吗？为什么？

2.如果可以选择，你会选谁做游戏伙伴？为什么？讲讲你们之间的诚信故事。

（二）假如生活没有诚信

想想看，如果我们所有人都失去了诚信，生活会是怎样的？

外出觅食时，我们会担心……

药店买药时，我们会怀疑……

市场买菜时，我们会警惕……

老人摔倒时，我们会提防……

假如生活没有诚信，发生以上情况时你会怎么想？说说你的理由。每组派代表抽取情景，小组讨论，一人记录。

（三）诚信大考验

情景一：实验课上，同桌打破了实验器具，请求你别告诉老师，你会怎么做？

情景二：你发现学校报社在宣传过程中弄虚作假，你会怎么做？

情景三：多年后，你成了一名声望颇高的医生。一位肺癌晚期的病人向你询问病情，你会怎么说？

同学们，现在可以思考一些问题：谎言什么时候是好的，什么时候是不好的？我们应该如何正确判断？

温馨小提示：我们常说的"白色的谎言"指的是不以害人为目的、善意的欺瞒，与诚信原则并不冲突。只要我们不把欺骗当成习惯，以尊重和善意待人，我们就能拥有诚信的智慧。

四、方法指南

想做一个真诚的、讲诚信的人，可是又不知道怎么做，可以试试下面的技巧。

（一）一言既出，驷马难追

承诺要慎重。对于自己做不到的事情，要如实相告，礼貌拒绝。如果答应了别人就要说到做到，即使是一件小事，也要放在心上。

（二）对自己诚实

不美化事实，不自欺，内心坦坦荡荡，问心无愧。做了错事大胆承认，并且及时改正，完成任务不偷工减料。对他人诚实，不说假话，不做假事，言行一致。

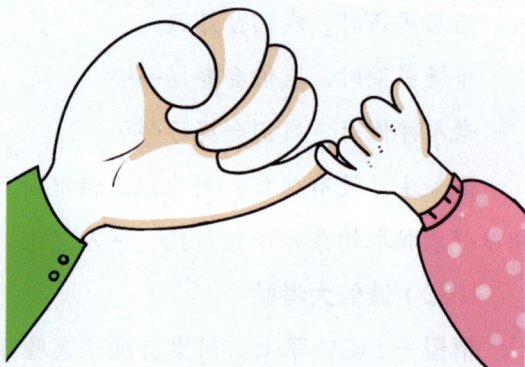

（三）实事求是

在复述一件事时，要客观，不添油加醋，不随意篡改。当然，写作文和文学创作时除外。

五、心理科学链接

撒谎背后的原因

撇开白色的谎言，孩子为什么会撒谎呢？原因大致有以下几个方面。

第一，为了逃避责罚。有些家长在孩子考砸后，使用暴力的手段让孩子"长教训"，而这可能会让孩子产生恐惧心理，为了逃避责罚而隐瞒自己的真实成绩。这样的方法一旦奏效，孩子就会在说谎这条路上越走越远。因此，家长需更有耐心地教育孩子，暴力永远不会是一个好的解决方案。

第二，家长的言传身教。如果家长在家里因为某些原因，如工作的压力等，无意间说了些不符合事实的话，正处于学习和模仿阶段的孩子就有可能很快地学会说谎。因此，家长要谨言慎行，以免起了错误示范。

第三，同伴认同。小学阶段的孩子已经开始有了自主意识，会想要交朋友，建立关系。为了迎合同伴，孩子有可能会说谎。家长需要让孩子知道，朋友是需要用真心交往的，不需要刻意讨好。

第四，渴望关注。在有兄弟姐妹或父母工作繁忙的家庭里，有些孩子可能会觉得缺乏家长全身心的爱，进而通过夸张的表演或无病呻吟来博取关注。家长需要公平民主地对待每一个孩子，并且引导他们相亲相爱。家长无论工作多繁忙，也请每天抱一抱自己的孩子，不吝啬地去说"我爱你"。

第三节
你真的会听吗？

一、《论语》导读

（一）跟我读

子曰："多闻阙疑，慎言其余，则寡尤。"

——《论语·为政》

（二）跟我译

孔子说："要多听，有疑问的地方先放在一旁不说，其余有把握的，也要谨慎地说出来，这样就可以少犯错误。"

二、心灵启航

古希腊哲学家第欧根尼曾经说过："上帝给我们两只耳朵、一个舌头，为的是让我们多听少讲。"

子张向孔子学习求官的方法，孔子认为，要多听他人意见，谨慎表达自己的观点。倾听看似容易，是我们每天都在做的事情，但是，倾听更重要的是人主动参与的过程，如何听决定了沟通的质量。我们不仅要听，还要参与到谈话中去。我们必须接收信息、理解信息、思考信息，并做出必要的反馈。你是全神贯注，还是心不在焉地假装在听，对方一眼就可以看出来。倾听并没有想象中那么容易，你想学习如何有效倾听吗？

三、积极体验

（一）倾听小调查

一位美国学者对人们日常听说读写所用的时间比例进行了调查，看看下面这张调查图，你有什么发现？

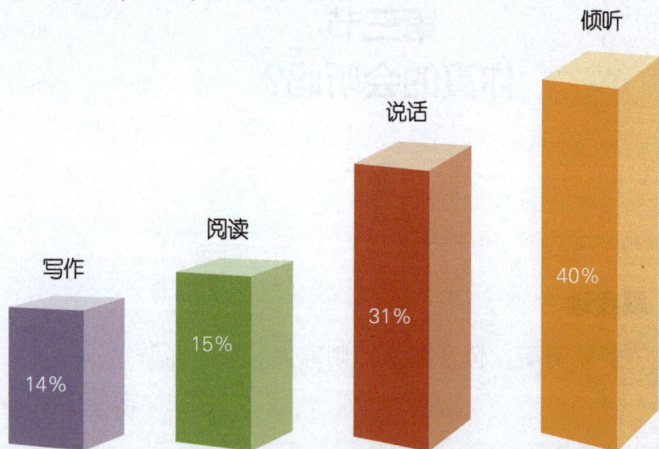

倾听

说话

阅读

写作

14%

15%

31%

40%

温馨小提示：统计结果显示，人们每日的听说读写活动中，倾听占比最大，倾听所用的时间要远远超出其他沟通方式所用的时间。

（二）反应热身游戏

黑熊和白熊赛蜜

白熊和黑熊爱吃蜂蜜，它们各自养着数量相等的蜜蜂。某天，它们想比赛看谁产的蜂蜜多。白熊认为能产多少蜂蜜取决于蜜蜂每天采回多少花蜜。它买了一套设备，以测量每只蜜蜂每天采回的花蜜量及每天产出的蜂蜜量，并据此对采蜜最多的蜜蜂进行奖励。黑熊认为蜂蜜的产量由蜜蜂每天接触多少次花来决定。于是，它购买了一个记录蜜蜂访问花次数的设备。它想着，蜜蜂接触了多少次花代表着蜜蜂的工作强度，并据此对"访问量"最高的蜜蜂进行奖励。一年后，比赛结果出炉，白熊的蜂蜜产量比黑熊的蜂蜜产量要整整多出一倍。

1.老师读故事并说明规则：关键词为"蜂蜜"和"蜜蜂"。在听到"蜂蜜"时，请男同学拍手，女同学不动；出现"蜜蜂"时，请女同学拍手，男同学不动。

2.想一想：为什么有些同学反应既快又准，而有些同学却频频出错？

四、方法指南

想要学会倾听，但是不知道该怎么做？这里有几个倾听的原则，可以试试！

（一）重复对方的话语

带着对对方说话内容的理解，有意识地进行重复和反问，激发对方往下说的欲望。

（二）肢体语言

观察对方的小动作，自然地模仿。如：对方喝水，你也喝；调整身体方向和重心，和对方保持一致；跟着对方下巴的移动而调整自己的下巴等。

（三）给对方留出时间

当谈话一时静止，不要急于打破沉默，也不要用眼神去督促对方，给对方留一些缓冲和思考时间。

五、心理科学链接

倾听的艺术

美国心理学家卡尔·罗杰斯提出了积极倾听的五个策略。

积极倾听的第一个策略是评价。给对方的发言做出一个判断，并将这个判断告诉对方。值得注意的是，我们要评价的是对方的发言，而不是发言者本身。

积极倾听的第二个策略是解释。用自己的话来解释对方的发言，简单的做法是通过询问对方一个问题来给对方一个正面的反馈，比如，"看来你很喜欢我们学校，对吗？"。

积极倾听的第三个策略是支持。你不仅要给对方做出评价性的反应，还要做出支持性的反应，即告诉对方在某一个方面你们有共同的看法、体会和经历。比如："你说得太对了，我也这么想。"这种反馈所产生的心理效果比前面两种反馈策略在关系的建立上更为有效。

积极倾听的第四个策略是探索。表达你对更多信息的关注，会给对方积极的反馈。"你能具体告诉我这件事情是怎么发生的吗？""后来怎么样了？"这些积极的反馈能让对方更愿意与我们交流。一个最简单的方法就是问别人"为什么"，比如，"你认为这件事情为什么会发生呢？"，这样很容易让对方就刚才讨论的问题进一步阐述观点和看法。

积极倾听的第五个策略是理解。这是要告诉对方，我们不只是理解了对方的发言，而且对对方的经历和为人等方面也有很多感悟。这种反馈策略所产生的作用是其他反馈策略难以比拟的。

要让孩子学会积极倾听，家长也需要学会听孩子说话。在和孩子沟通时，不妨放下手中的活儿，以尊重平等的姿态和孩子交流。

第五章　建设性回应

第一节
回应也是一门艺术

一、《论语》导读

（一）跟我读

或曰："以德报怨，何如？"子曰："何以报德？以直报怨，以德报德。"

——《论语·宪问》

（二）跟我译

有人说："用恩德来报答怨恨，怎么样？"孔子说："那用什么来报答恩德呢？应该是用正直来报答怨恨，用恩德来报答恩德。"

二、心灵启航

在生活中，我们该如何对待他人？别人对我们好的时候，我们该怎么对待他？别人对我们不好的时候，我们又该怎么对待他？

别人对我们好，我们当然也要对别人好，合乎情理。至于如何"报怨"，孔子提出了"以直报怨"的观点。所谓以直报怨，即在对待那些对自己不好的人时，分析他们为什么对自己不好。如果是自己的问题，便去修正它。如果是对方的问题，我们也没必要委屈自己去讨好别人，事情该怎么样就怎么样。

在生活中，各种稀奇古怪的事都会发生，不同人也有不同的回应机制。我们要做的是无论发生了什么事，都应该本着以结果为导向、利益最大化的原则去处理。什么叫以结果为导向？举个例子，一个小偷偷了我的东西，我很生气，打了小偷一顿。结果是我有可能因为暴力而被起诉。那如果我报警呢？我既没有被起诉的风险，又会让小偷受到应有的制裁。这便是"以直报怨"，符合双方利益最大化的原则。

三、积极体验

情景体验：积极回应消极事件

> **温馨小提示**：情绪是个体根据自己的认知对某个情境或者事件做出评价之后产生的生理体验。

提问：我们要如何对消极事件做出积极应对呢？（参考事件：你的同桌不愿意借笔给你。）

第一步：觉察

发生什么事了？我的感受如何？

觉察自己当时涌起的情绪，允许这个情绪存在 7-10 秒钟。

第二步：悦纳

我可以产生这种消极情绪吗？当然可以！因为我是人！

消极情绪来临时不要急于排斥，有消极情绪是十分正常的。悦纳就是接受这些情绪，允许消极情绪的存在。

第三步：反驳

1. 我是怎么想的？

2. 我有没有钻牛角尖？这样的想法合理吗？

3. 如果这样的想法不合理，那要如何去调整？

第四步：行动

把不利于达成积极成果的情绪和行为记录下来，比如，乱摔物品、发火辱骂、一味抱怨……然后根据实际情况，选择合适的应对措施。

四、方法指南

给大家介绍几个小妙招，当消极情绪出现时，不妨试试！

（一）试着深呼吸

如果有独立的空间、安静的环境，可以试着以舒适的坐姿进行冥想。

（二）充分利用同伴的支持

和同学、朋友聊聊，从他人的倾听和回应中得到些许安慰。

（三）运动

跑步、打羽毛球等运动会刺激大脑多巴胺的分泌，令人愉悦。

（四）准备一个日记本

尝试把自己的心情记录在日记本里。日记内容包括事件的详细经过、自己的想法及事件的结果。

五、心理科学链接

宽恕的受益者

心理学家夏洛特·威特利特和他的同事发现，宽恕有积极健康的价值和意义，宽恕能够让受伤的人从负面情绪中解放出来，从而在情绪和行为上产生积极反应。

仇恨让生活的目的扭曲，而宽恕则让我们释然。真正的宽恕不是有利于那些伤害我们的人，让他们占什么便宜；也不是要显示我们的宽宏大度，满足我们的虚荣心。宽恕真正的受益者是我们自己，它让我们更加健康、快乐和幸福。

第二节
你真的会说吗？

一、《论语》导读

（一）跟我读

子谓《韶》："尽美矣，又尽善也。"

——《论语·八佾》

（二）跟我译

孔子讲到《韶》时说："美极了，又好极了。"

二、心灵启航

孔子向来反对过度使用华丽的辞藻。语言的主要作用是表达意思。如果只注重语言的形式而不注重内涵，便是本末倒置了。语言的奥妙等待你来发掘。读读右边的句子，把每句话的重音放在不同的字上，你有什么发现？

> **我**没说你偷钱！
>
> 我**没**说你偷钱！
>
> 我没**说**你偷钱！
>
> 我没说**你**偷钱！
>
> 我没说你**偷**钱！
>
> 我没说你偷**钱**！

三、积极体验

（一）沟通小调查

据调查分析，从交谈中获取的信息，语言只占 7%，语调占 38%，而视觉占了 55%。从结果来看，说话内容反倒不是最重要的，怎么说更重要。人们说话的语气、节奏和感情在沟通中起着关键作用。

说一说，为什么视觉在交谈中起着如此重要的作用？

（二）回忆中的对话

回忆并与同桌交流：你说过的什么话让对方听进去了？你说过的什么话让对方反感？你分别是怎么说的？你有什么发现？

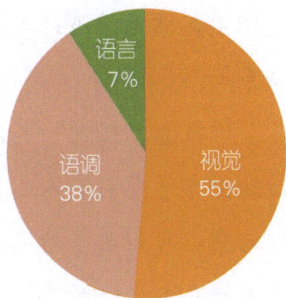

语言 7%
语调 38%
视觉 55%

四、方法指南

说话是一门艺术，会听、会说不容易。接下来的小妙招，也许能帮到你！

（一）学会倾听

想要别人听我们说，首先要懂得如何去听别人说。微笑、点头、开放的姿态、重复对方的话语，都表示你在认真听。

（二）学会尊重

与他人对话时，需要掌握节奏并把握界限。对于陷入困境的朋友，一句"我懂你""有我在"比任何教训和"你应该"都更有用，毕竟理解万岁。不要滔滔不绝地谈论自己，多给对方一些说话的机会。

（三）精准表达

将杂乱的思绪有逻辑地罗列出来，表达精准简练，避免冗长的谈话。

（四）转变角度

即使我们有很强烈的辩论愿望，也要想想用哪一种方式，对方更能够接受。换句话说，就算你特别能说，也不要图一时嘴快，把对方逼得哑口无言。

五、心理科学链接

坦诚地分享

有时候，坦诚和透明地分享彼此的秘密是我们沟通的一个方法，它使我们更愿意维持彼此之间的感情，甚至两个陌生人之间也能够建立起亲密关系。

"报喜不报忧"其实并不是最能拉近人与人之间距离的沟通策略，坦诚地分享才是拉进人心距离的捷径，这在家庭教育中也不例外。家长们在生活中，可以更多地去和孩子分享自己的喜怒哀乐，分享工作生活中的有趣或者令人烦恼的事，分享未来的家庭规划，等等。与此同时，鼓励其他家庭成员也聊一聊当天遇到的人和事。在餐桌上的这十几分钟，可以设立一个这样的"分享时刻"。

第六章　善意与助人

第一节
别怕，有我在

一、《论语》导读

（一）跟我读

子曰："德不孤，必有邻。"

——《论语·里仁》

（二）跟我译

孔子说："品德高尚的人不会孤独，一定有志同道合的人和他做伴。"

二、心灵启航

颖颖是一个品学兼优的好学生。一天，老师安排了一项小组合作探究活动，同学们都在自己的小组里面讨论得热火朝天，唯有颖颖静静地坐在一旁，独自完成所有的任务。颖颖心里不屑地想："我那么聪明，无论什么挑战，我都能够自己完成，不需要其他人的帮助。"

孔子说过，品行高尚的人，身边一定会有理解和支持他的同伴。做任何事情，孤军奋战都是无效率的，我们需要明白合作的重要性及如何获得他人的支持和帮助。

三、积极体验

（一）摆个"人"字看一看

1.活动程序

两人为一组，利用身体合作摆出一个"人"字。摆好后，坚持一分半不动，看哪组摆得最漂亮，坚持得最久！

2.小组分享

在摆"人"字的过程中，同学们有什么心得体会呢？

| 甲骨文 | 金文 | 小篆 | 隶书 | 楷书 |

温馨小提示："人"由两笔组成，一撇一捺。它们相互支撑、相互依存，缺一不可。这也告诉我们：社会是一个合作的体系。任何人想要在社会上生存下去，都需要他人的支持。

（二）合力吹气球

1.准备材料

（1）每个小组准备气球若干、便笺纸6张。

（2）在便笺纸上写上不同的身体部位：手和脚各两张，嘴巴和屁股各一张。

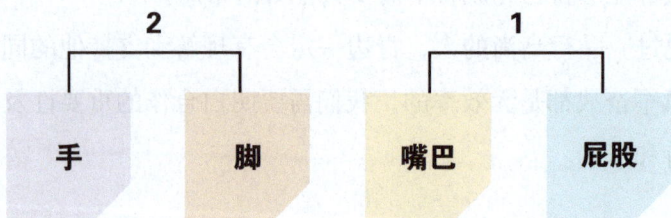

```
        2                    1
   ┌─────┴─────┐       ┌─────┴─────┐
   手        脚       嘴巴       屁股
```

2.活动过程

（1）每6人为一小组。

（2）便笺纸折好打乱，小组成员自行抽签。

（3）抽到"手"的两位同学和抽到"嘴巴"的同学合力把气球吹起来。（注：只能用抽到的身体部位来完成任务。）

（4）两个抽到"脚"的同学要抬起抽到"屁股"的同学，把气球压破。教师计时，看哪个小组完成得又快又好。

3.小组讨论

如果抽到"嘴巴"和"屁股"的两位同学没有其他同学的帮助，这个任务还能完成吗？分享你的体验和感悟吧！

四、方法指南

下面介绍几个小妙招，能让你更容易获得小伙伴的支持！

（一）拆掉心墙

接受自己的不完美。

（二）欣赏他人

看到他人的优点和长处。

（三）接纳他人

赞同他人不同的观点和建议，真诚友善地肯定对方。

（四）回馈他人

时刻准备好支持他人。

五、心理科学链接

合作策略

合作可以带来共赢。合作策略就是保证双方能够共同解决问题，保证双方都得利。具体表现是，比较开放地讨论自己的忧虑和问题，承认自己的看法不一定完全正确，同意对方观点的可取之处。合作的关键是双方要找到共同目标，将注意力集中于他们的共同点，而不是在分歧上，尤其是要将人和问题分开，对事不对人。

冲突双方会进行沟通，往往是因为有一些迫切需要解决的问题。此时，一定要将注意力集中在解决问题上，而非伤害对方上。不冷嘲热讽，就事论事。比如，孩子在家写作业常常拖延，如果家长对孩子说"你是个没有时间观念的人"，便是把人和问题混为一谈。如果说"你这周是第三次做作业做到 11 点了，我们怎么来解决这个问题呢？"，便是把注意力集中在解决问题上。

第二节
成人之美

★··· ★★★

一、《论语》导读

（一）跟我读

子曰："君子成人之美，不成人之恶。小人反是。"

——《论语·颜渊》

（二）跟我译

孔子说："君子成全别人的好事，而不促成别人的坏事。小人的行为则与此相反。"

★★★ ★ ★★★

二、心灵起航

孔子认为有德行的人，能够时刻考虑他人的感受，尽自己之力帮助他人。儒家"推己及人"的思想、无私的精神和博大的情怀值得我们每一个人学习。伟大的科学家爱因斯坦说过："对于我来说，生命的意义在于设身处地替人着想，忧他人之忧，乐他人之乐。"

同学们，在日常生活中，你们主动考虑过他人的感受和困境，设身处地为别人着想，尽自己全力帮助过别人吗？

三、积极体验

迷你情景剧：公交车

1. 角色介绍

A 同学将一个两斤重的沙包绑在肚子前方，两脚也绑上负重沙包，扮演孕妇。

B 同学扮演乘务员。

C 同学、D 同学扮演乘客。

E 同学负责旁白，介绍事件过程和人物状态。

2. 表演开始

旁白 E：这是一个星期一的早高峰，公交车上挤满了人。C、D 非常幸运，C 坐在前排爱心座位，D 坐在后排。这时，有一位孕妇上了车。她看起来步伐异常沉重……

乘务员 B：有哪位乘客给孕妇让个座？

乘客 C：（悄悄瞟了一眼孕妇，转过头去，戴起耳机并闭上眼睛）

乘务员 B：（径直走向乘客 C，提高音量）先生，您好！可以给这位孕妇让个座位吗？

孕妇 A：（抱着肚子，脸色苍白……）

旁白E：突然间，孕妇腹痛倒地，呜咽不止。车上的乘客面色惊恐，手足无措。

乘客D：（冲到前面，立刻扶起孕妇）请大家为孕妇让出一定的空间！麻烦驾驶员立刻开车去医院！这会耽误大家一点时间，但孕妇安危更要紧！

旁白E：5分钟后，孕妇到达医院，顺利得到救治。

3. 讨论与分享

（1）看完角色表演，你能理解孕妇的困境是什么吗？你能体会到孕妇的情绪变化吗？

（2）你怎么看待乘客C的做法？为什么？如果是你，你会怎么做？

（3）你如何评价乘客D的行为呢？

四、方法指南

英雄之所以在遇到危难时坚定选择为人民"逆行"，在关键时刻能够分清孰轻孰重，是因为他们时刻在为他人着想，善于理解他人的困境，并且愿意帮助他人。

以下的步骤能够很好地帮助你从理解他人的困境出发，成为一个乐于助人的人。不妨一起试试吧！

首先，站在对方角度，理解对方的想法和困境。问问自己："他遇到了什么难题？他需要什么？"

其次，在知道了对方的需求和困难后，请根据自己的实际能力，伸出援助之手。问问自己："我能为他做些什么？"

最后，在帮助对方后，回味在帮助他人过程中所产生的感受。

五、心理科学链接

正义之手

美国耶鲁大学的心理学家保罗·布鲁姆曾经做过一个有趣的实验。他给全世界各个地方 6 个月大的小孩看几张简单的图形，其中有一个正在攀岩的人，有一只手在帮助他往上攀登（帮助的手），但下面还有另外一只手在拽着他（破坏的手），让他不能往上爬。然后，请这些 6 个月大的孩子仔细观察"帮助的手"和"破坏的手"。结果发现，这些孩子，恰恰偏爱那只"帮助的手"，而不是"破坏的手"。这说明，人的天性，从本质上来讲，是喜欢那些帮助别人的人，而不是破坏别人的人。特别有趣的是，这些孩子还会情不自禁地用自己稚嫩的手去推开那只"破坏的手"，说明人类从天性上愿意选择惩罚那些害人的人。而这些稚嫩的小手，就是我们通常所说的"正义之手"！

第三节
伸出你的手

一、《论语》导读

（一）跟我读

曾子曰："君子以文会友，以友辅仁。"

——《论语·颜渊》

（二）跟我译

曾子说："君子以文章学问来结交朋友，依靠朋友帮助自己培养仁德。"

二、心灵起航

曾子强调，想要实现"仁"，离不开朋友的帮助。通过与益友的互动和交往，你可以将对方当作镜子来检查自己，改正自己的缺点，巩固自己的优势。通过与朋友相互帮助，大家实现共同进步。

一棵小树，无法抵挡暴风的肆虐。我们的生活也充满各种挑战和困难，有时候靠一个人的力量很难克服，这时候我们需要主动伸出自己的手，与他人互相帮助。

三、积极体验

（一）心灵小故事：好地方与坏地方

有一天，一个人在做梦，他在梦境里看到一个路牌。路牌上写着向左走是好地方，向右走是坏地方。他问站在路牌旁的管理员："这两个地方的区别是什么？"管理员微微一笑，带着他来到坏地方。他看见一大群人正围着一锅肉汤，每个人都在努力用比自己手臂还长的汤匙争抢食物。但是抢到之后却因勺子太长而没法把汤送到自己的嘴里。人人面黄肌瘦，面目狰狞。管理员又带他去了好地方，这里也有一锅肉汤、一群人和一样的长柄汤匙，但呈现的是完全不同的景象。人们都在快乐地享用着肉汤。

1.思考一下，相同的条件下，为什么有的人可以喝到肉汤，而有的人却不可以？

_____

2.同学们在生活中肯定有很多帮助他人的经历吧，跟大家分享一下你们的经历和感受吧！

经历	感受

（二）蒙眼摘苹果

1. 游戏程序

（1）将几张桌子、几把椅子零散地摆放在教室里充当障碍物。用绳子在教室中间吊起不同类型的水果图片，其中画着苹果的图片只有一张。

（2）两人一组，一位同学蒙上眼睛，在规定时间内穿越障碍物并摘到画着苹果的图片。另一位同学站在一旁，指引方向，帮助同伴穿越障碍物并拿到图片。

2. 讨论与分享

（1）如果在没有引导的情况下，你认为你能顺利走到终点吗？你认为能够顺利完成任务的原因是什么？

（2）在黑暗中获得他人的帮助后，你有什么感受？

（3）帮助他人的同学，又有什么感受？分享一下吧！

四、方法指南

相信同学们在上面的游戏和讨论中都深刻感受到了互相帮助的重要性。在学习和生活中，我们也要发扬助人为乐的精神。

（一）伸出你的手

当看到别人遇到困难时，请热情主动地伸出自己的双手，比如，借给别人一支笔，扶起摔倒的同学，尽自己全力帮助别人。你会因此而感到由衷的快乐。

（二）合作共进

主动帮助同学解决不会的题目，这样既帮助了他人，又能发现自己不懂的知识。帮助生病的同学打扫教室卫生，赢得友谊的同时还可以锻炼自己的劳动能力。

五、心理科学链接

（一）性本善

《善恶之源》一书中提出了一个特别重要的观点：人从本质上来讲，是希望惩恶扬善的；人从天性上来讲，是希望帮助那些需要帮助的人的；人从根本上来讲，是追求公平正义的。

（二）旁观者效应

社会心理学家拉塔尼和达利提出了旁观者效应，旁观者效应又称为责任分散效应。当发生一些紧急情况时，如果身边有许多人同时在场，我们的个体责任感会被大幅度削弱；而如果只有一个人在场，这个人的责任感会更强，认为这是属于自己的个体责任，也会更愿意去帮助他人。

因此，当你遇到类似的困境时，"指定"某一个人，向其寻求帮助会比单纯地请求帮助要有效得多。

第四节
服务中的善意

一、《论语》导读

（一）跟我读

子张问政。子曰："居之无倦，行之以忠。"

——《论语·颜渊》

（二）跟我译

子张问如何处理政事。孔子说："居于官位不懈怠，执行君令要忠实。"

二、心灵起航

小张最近在学校里过得很不开心。中午去食堂的时候，食堂工作人员不听小张的请求，总是给他盛他不爱吃的菜，甚至还有让他过敏的坚果。在班里，他和班长发生了点意见冲突。于是班长总是盯着他找茬儿，常常无端批评指责他……你怎么看待食堂工作人员和班长的做法？

在孔子眼里，一个好官的首要标准是要有为人民服务的意识，以友好和善的态度爱护人民。不论做什么工作，都要尽职尽责。作为学生，我们想要做好班干部、课代表、志愿者等工作，首先需要端正自己的态度，用善意之心服务他人。

三、积极体验

情境分析：快递员和警察

案例一： 一位快递员要送一袋大米给独居且行动不便的老爷爷，为了快速完成快递工作，这位快递员把大米放到楼下的保安室便离开了。老爷爷拄着拐杖，颤颤巍巍地搬着大米，一不小心摔倒了⋯⋯

案例二： 有位警察在街上执勤的时候，遇到小偷正在偷东西。但是由于要赶着下班后去接孩子，他装作没看见，绕道离开了。小偷成功得手并溜走，从那以后，这位警察负责区域的治安越来越糟糕⋯⋯

1. 看了上面的案例，你有什么想法？

_____

2. 你认为快递员和警察的行为对吗？说说你的理由。

_____

3. 如果快递员能多为老爷爷考虑一下，帮老爷爷把大米送到家，结果又会如何呢？

_____

4. 如果这位警察能本着为人民服务的负责态度，结果会不会不一样呢？

四、方法指南

相信同学们都明白，班干部要有与人为善、认真负责、为同学们服务的工作态度。以下几个小问题可以帮助你时刻提醒和反省自己，一起来看看吧！

1.我的行为是不是正确的？

2.我是否做到了以身作则？

3.我是否站在班级和同学们的角度思考问题？

4.我是否爱护了我的同学们？

5.我的工作是否得到了同学们的支持和配合？

五、心理科学链接

帮人即助己

越来越多的心理学研究发现，即使是从自私自利的角度出发来看待问题，我们最好也要与人为善，多帮助别人，因为这种善意迟早会回馈到我们自己身上。

一篇发表于2013年的研究表明，利他行为与压力事件之间具有很强的交互作用。当人们的利他行为较少时，近期压力事件的增加可以很好地预测身体疾病数量的增多。而当人们较多参与社会公益事业时，相比之下，这种效应就不那么明显。也就是说，不爱帮助他人的人，生活中的不如意，会对自己的健康产生影响；而利他行为可以明显缓冲压力对身体健康的损害。所以，我们在不经意间帮了别人一个小忙，却有可能因此而少得一次病。帮人，其实就是助己。

第五节
乐观自我，积极人生

★・・・ ▪▪▪▪▪▪▪▪▪▪▪▪▪▪▪▪▪▪▪▪▪▪▪▪▪▪▪▪▪▪▪▪ ★・・・

一、论语导读

（一）跟我读

子曰："君子坦荡荡，小人长戚戚。"

——《论语·述而》

（二）跟我译

孔子说："君子的心胸开阔宽广，小人却总是心地局促、带着烦恼。"

▪▪▪▪▪▪▪▪▪▪▪▪▪▪▪▪▪ ★・・ ▪▪▪▪▪▪▪▪▪▪▪▪▪▪▪▪ ★・・

二、心灵启航

真正的君子大都有着旷达的心胸，无论在什么情况下，都能无愧于心，始终坦坦荡荡。但小人则心胸狭隘，所以时常忧愁烦恼，这便是"君子坦荡荡，小人长戚戚"。

同学们，要拥有君子般旷达的胸怀，以平常心面对生活的挑战，伤心发愁并不能解决任何问题。没有什么大不了的，仔细想想，其实再大的困难也不过如此。如果最坏的结果我们都能接受，那何必在当下为难自己呢？

三、活动体验

（一）迷你情景剧：发愁的老婆婆

有一个老婆婆，培养了两个儿子，大郎和二郎。大郎卖盐，二郎卖雨伞。

每逢晴天，老婆婆便很难过，因为二郎的伞没有办法卖出去。"唉，我二郎的雨伞又卖不出去了。"

每逢雨天，老婆婆也很担忧，因为大郎晒不了盐。"哎呀，大郎的盐厂又要停产了。"这样一来，老婆婆没有一天不在忧愁的情绪中。

1. 活动流程

邀请男女两位同学来参与情景剧表演。男同学读剧情旁白，女同学表演老婆婆，请大家注意老婆婆在晴天和雨天时的心境。

2. 一起来分享

请同学们开动脑筋，结合生活经验想一想，我们可以用什么方法帮助这位老婆婆从"天天烦忧"到"天天开心"呢？

（二）生活经历乐分享

同学们，你们在学习中一定遇到过困难和失败吧？说说当时的情况，你的情绪是怎样的，你是怎么做的？你觉得当时的做法正确吗？如果是现在，你会怎么做呢？

我的经历

学习中的困难和失败：

_____

我当时的情绪表现：

_____

现在我打算这样处理：

_____

四、方法指南

同学们一定想知道我们在生活中如何保持乐观的心态吧！下面有几个小小建议，请同学们记在心里，相信大家都能成为豁达开朗的人。

（一）培养自己的兴趣

兴趣能让你的生活变得充实，多做感兴趣的事，可以使自己内心丰富，积极向上。

（二）身处逆境、遇到困难时，多挖掘事物积极的一面

如果老婆婆能有乐观的态度，善于挖掘积极的方面，如在晴天想到大郎能多晒盐，在雨天想到二郎能多卖伞，那么她每天都能够开开心心的。

（三）坦然面对问题，坦然面对失败和困难

积极找对策，而非纠结于失败，将问题和困难看得淡一些。

（四）多一点幽默感

通过自嘲的方式给自己一点幽默，化尴尬于开怀一笑。

五、心理科学链接

认识消极情绪

那些看起来非常消极的情绪其实是有警示的作用，有正面的意义的。在漫长的人类进化过程中，消极情绪曾经极大地帮助我们的祖先存活下来。因此，它们成为我们自己心理活动中非常有意义的警觉系统。

有些人会认为这些负面情绪很讨厌，而且经常让我们不开心，我们应该杜绝类似负面情绪的产生，实际上这样的想法是非常错误的。因为它是经历了人类上亿年进化而被保留下来的一种宝贵的本能、一种快速的反应，它能在潜意识层面瞬间告诉我们现在所处的环境有什么样的危险。所以，我们完全不需要把负面情绪当作敌人，也完全不需要去害怕它。负面情绪就是让我们能够脱离威胁，想好对策，应对可能出现的伤害。

第三篇

积极情绪

第七章　认识和体验积极情绪

第一节
如果感到快乐，你就拍拍手

★ ★ ★ ——— ★ ★ ★

一、《论语》导读

（一）跟我读

有朋自远方来，不亦乐乎？

——《论语·学而》

（二）跟我译

有志同道合的朋友从远方来（做客），不是很令人高兴吗？

———————————————————————————————— ★ ★ ★ ———————————————————————————— ★ ★ ★

二、心灵启航

尼尔曾是一个幸福的人，拥有满意的工作、亲密的朋友、温柔体贴的爱人。可是短短两年间，他的朋友因病离世，他的妻子也离开了他，他的生活发生了巨变……

尼尔在受到如此大的打击后，并没有意志消沉，他决定重新认识生活，发现生活之美。他建起了全球首个记录美好生活的博客——"一千个美妙时刻"，提醒自己生活中还有许许多多不易察觉的快乐时刻，正是这些小小的快乐让生活变得五彩缤纷。

同学们，如果有很久未见的好朋友来找你们一起玩耍，你们快乐吗？想一想，生活中还有哪些让你们感到快乐的事呢？

三、积极体验

我的快乐清单

1. 快乐清单我来做

同学们，请开动脑筋想一下，生活中有哪些事让你们快乐地想要拍拍手？也列一列你们的"美妙时刻"吧。

2. 快乐之球我传递

全班同学手拉手围成一圈，伴随音乐声响起，开始传快乐之球。当音乐停止时，球在谁的手上就请谁分享自己的快乐，大声告诉其他同学快乐的原因。让大家和你一起感受快乐吧！

3. 快乐清单我完善

同学们，你们是否还有其他快乐愿望？请认真列出来，分享给你的小伙伴，然后逐个去实现它们吧！

我的快乐清单

上课回答问题，老师奖励我迪士尼贴纸。

四、方法指南

相信通过以上活动，大家一定体会到了什么是快乐。只要我们做个生活的有心人，就会发现快乐就在我们身边，每一天我们都能体验到喜悦和快乐。

给大家介绍几个品味快乐的小妙招。

（一）储存"美妙时刻"

通过画手账、照相、写日记、录音、写明信片等，永远留下那个让你快乐的瞬间！

（二）一心一意地体验喜悦

同学们在感到快乐时，用心去感受快乐带来的幸福。比如，闭上眼睛倾听鸟儿吟唱，多观察让你开心的事物。

（三）与人分享

尝试把快乐分享给爸爸妈妈、老师、同学，相信你一定会得到双倍的快乐！

五、心理科学链接

神秘体验

曾经参加过美国阿波罗14号登月计划并成为第6个登上月球表面的宇航员埃德加·米切尔，描述过这样的感觉：他看到了浩瀚的宇宙，感到自己就是宇宙的一部分，心胸开阔，欣喜若狂，他获得了前所未有的视角。刹那间，他明白宇宙自有它自己的意义及方向，在这有形的造化之后有一种更高的层次。人类的追求必须提升到全球的资源共享，这个世界才是可持续的。所以，他重返地球之后放弃了自己的宇航员生涯，全身心投入保护环境和生态的运动中。

其实，这样的体验，著名人本主义心理学家，也是积极心理学奠基人之一的马斯洛早先提到过。在对自我实现者的研究过程中，马斯洛注意到，几乎所有的自我实现者都经常谈起他们经历过的一种神秘体验。这种体验可能是瞬间产生的、压倒一切的敬畏情绪，也可能是转瞬即逝的、极度强烈的幸福感，甚至是欣喜若狂、如痴如醉、欢乐至极的感觉。

凡是产生这种体验的人都声称在这类体验中感到自己窥见了真理、

事物的本质和生活的奥秘，仿佛遮掩知识的帷幕一下子拉开了，奇迹出现了。

第二节
宁静致远

一、《论语》导读

（一）跟我读

子曰："知者乐水，仁者乐山。知者动，仁者静。知者乐，仁者寿。"

——《论语·雍也》

（二）跟我译

孔子说："聪明的人喜爱水，仁德的人喜爱山。聪明的人爱好活动，仁德的人爱好沉静。聪明的人活得快乐，仁德的人长寿。"

二、心灵启航

众所周知，在大自然中，相比于水的浮躁多变，巍然屹立在大地之上的山，给人以踏实宁静之感。

孔子认为，山这般稳重宁静的特性与仁者极为相似。所谓仁者，宽厚而安于义理，仁慈宽容而不易冲动。他们追求内心宁静，享受宁静情绪带来的诸多便利。

三、积极体验

（一）静心冥想我体验

1.活动流程

（1）首先，请同学们找个舒服的姿势躺下。

（2）轻轻闭上你的眼睛，想象自己身处另外一个地方，平复自己的心情，让自己安静下来。

（3）跟着音乐的节奏，慢慢用鼻子深深地呼气、吸气。眼睛不要睁开！

2.教师引导

我们一起来到浪漫的海边，看着白白的沙滩、蓝蓝的大海。我们光着小小的脚丫，踩在软绵绵的沙滩上，海浪不停地拍打在沙滩上，多像海的絮语。我们在沙滩上走着，看到了许多小贝壳和小螃蟹。现在我们卷起裤脚，拉着手一起迎着海浪走去，海水拍打在我们的小脚丫上，有什么感觉？是不是凉丝丝的，非常舒服呢？你向远方看去，看到了许多海洋动物——海豚在跳舞，海鸥在飞翔，小鱼在快乐地游泳……现在，让我们一起来玩

沙子吧，动手搭起一个城堡。你用小铲子铲沙子，城堡越搭越高，越来越漂亮……

（二）话说"宁静"我分享

同学们，经过了课堂的冥想活动，相信大家对内心宁静已有自己的认识。请大家回想一下，自己是否有过非常宁静的时刻呢？宁静过后有什么感受呢？

例：蹲在草坪旁边静静地看着小蚂蚁勤劳地搬家。

仔细回味，把你的感受分享给同学们吧！

四、方法指南

以下是几个让内心保持宁静的好方法，可以试试！

（一）有意识地去关注生活

例如，花时间去品味一顿美餐，细细咀嚼，慢慢感受食物的味道。

（二）放慢生活节奏

要真正地从内心深处感到宁静，需要先慢下来，真诚地对待生活。例如，游览景区的时候，慢慢走，欣赏一草一木，安静地感受鸟语花香，用真诚的态度去看这个美好的世界。

五、心理科学链接

山水之上

好的气味，可以给我们带来积极的变化，并能够影响我们的思维、判断、情绪和行为的倾向性。因此，保持环境的清新，对我们内心能量的激发绝对有极好的促进作用。同学们，时不时去闻一闻大自然赠予我们的各种清新的香味吧！

第三节
激励背后的小秘密

★ ● ● ●●●●●●●●●●●●●●●●●●●●●●●●●●●●●●●●● ★ ★ ★

一、《论语》导读

（一）跟我读

子曰："饭疏食饮水，曲肱而枕之，乐亦在其中矣。不义而富且贵，于我如浮云。"

——《论语·述而》

（二）跟我译

孔子说："吃粗粮，喝白水，弯着胳膊当枕头，乐趣也就在这中间了。用不正当的手段得来的富贵，对于我来讲就像是天上的浮云一样。"

●●●●●●●●●●●●●●●●●● ★ ● ● ●●●●●●●●●●●●●●●● ★ ● ●

二、心灵启航

孔子认为，有理想、有志向、坚持"仁义"的君子，即使生活贫穷，他们心中的道义也会一直激励其坚持本心，不为追名逐利而违背自己的初心。正是来自内心"仁"的激励，他们坚持、执着，相信能够克服贫苦、守护本心。

冉求曰："非不说子之道，力不足也。"子曰："力不足者，中道而废，今女画。"选自《论语·雍也》的这句话意思是："自己画下界限而不再向前。"你们想成为停滞不前的人吗？同学们，你们是否体会过激励及其所带来的积极效果呢？你们知道激励情绪的影响因素有什么吗？

三、积极体验

（一）内驱力小故事：三个石匠

有一天，一个记者路过一个建筑工地，询问三个石匠对工作的理解。他们给出了三种完全不同的回答。

第一个石匠："我在做养家糊口的事，混口饭吃。"

第二个石匠："我在做整个国家最出色的石匠工作。"

第三个石匠："我正在建造一座全世界最漂亮、最宏伟的大教堂。"

八年以后，当这位记者再次回到这个建筑工地，打听石匠们的消息时，第一个石匠依旧在建筑工地热火朝天地忙活着，挣着一点可怜的工资。第二个石匠已成为当地小有名气的石匠工，培养了一支自己的团队，认真完成每一次任务。第三个石匠常年钻研雕刻与建筑设计，不断地学习和探索，最后成为远近闻名的雕刻师。

通过三个石匠的故事，想一想，是什么激励了第三个石匠不断学习、不断进步呢？

_____

_____

（二）托尔曼奖励预期实验

托尔曼训练两组白鼠走迷宫。他为小白鼠准备了两种食物——葵花子和麦芽糖，而麦芽糖是小白鼠更喜欢吃的。

甲组白鼠到达目的地后得到的是葵花子，乙组白鼠得到的是麦芽糖。

实验结果一：

十天后，乙组白鼠的跑步速度明显比甲组更快些。

又过了十天后，实验者把两组白鼠的食物对换了一下，现在甲组获得的是麦芽糖，而乙组获得的是葵花子。

实验结果二：

与十天前的情况相反，这一次的实验结果表现出了一种明显的对比效应。原来吃得好、现在吃得差的乙组比原来跑得慢了，而原来吃得差、现在吃得好的甲组比原来跑得快了。

通过托尔曼的实验，你领悟到了什么？说一说吧！

_____

_____

托尔曼的实验研究的是奖励的预期对动物行为的影响，而人类的学习中，也有相似的情况。作为学生，外在的预期奖励（比如一个喜欢的玩具、一件心仪的物品、一顿美食）可以增强学习动力，我们要提高学习的积极性和主动性，从而提高学习效率。

四、方法指南

要感受激励情绪，大家不妨认真解决好以下几个问题。

（一）问问自己

我有什么需求？我的目标是什么？

（二）设置外在预期奖励

当任务完成后，我能获得什么外在预期奖励？我最想要得到什么东西？

（三）制定可行性目标

我们可以分别制定短期、中期及长期目标，每日或者每周完成短期目标，之后推进中期目标及长期目标。

（四）任务量化

明白实现目标要一步一步来，不能急于求成。每天平均分配任务，每天进步一点点，这样就能保持长效激励的作用。

五、心理科学链接

自我激励能力

情绪智力包括哪些能力呢？其中很重要的一项便是自我激励能力，就是知道如何激发自己的潜能，对生活永远充满一种积极主动的精神，希望自己不断地进步，不断地从平庸向优秀甚至卓越迈进。努力培养自己的谦虚、执着和勇气，使得自己能够听到各方面的意见，促使自己进步得更加平稳，能够勇敢地面对挑战。马克·吐温曾经说过："勇气不是缺少恐惧心理，而是对恐惧心理的抵御和控制能力。"自我激励也包括提升自己的勇敢精神，朝着理想的目标不断奋进，这样的自我激励也包括控制自己任性的冲动，延迟自己的满足，使自己始终能够保持高度的热情，成就自己的梦想。

第四节
我心中的"超级英雄"

★★★ ★★★

一、《论语》导读

（一）跟我读

子曰："大哉尧之为君也！巍巍乎！唯天为大，唯尧则之。"

——《论语·泰伯》

（二）跟我译

孔子说："尧作为国家君主，真是伟大崇高呀！唯有天最高、最大，只有尧能效法于上天。"

★★★ ★★★

二、心灵启航

敬佩感是对优秀者的一种高度喜欢和尊敬，是看到他人的优秀行为或品质时所产生的一种积极情绪。

说起敬佩，我们可能会想起身边的老师、同学、我们的爸爸妈妈，也可能会想起那些医生、战士等。

古时候万里寻师，正是源于佩服某位高僧的大德；程门立雪、慧可断臂，皆是源自佩服。不肯佩服别人的人，并不能显示其伟大，反而昭示着那人的肚量狭小。例如，周瑜不佩服诸葛亮，以至诸葛亮"三气周瑜"，终致其吐血而亡。所以，我们应常提醒自己要做一个有敬佩感的人，敬佩那些在某些方面特别吸引你的人，例如，肚量大、勇敢、有道德、人格高、气质好、有内涵、有修养、幽默、机智、慈悲等。

三、积极体验

我心中的"超级英雄"

1.为你心中的"超级英雄"画一幅画像。

2.请同学们说出自己最敬佩的人是谁,并分享一下为什么敬佩他,他对你产生了什么影响?

四、方法指南

同学们,如果你们想要找一个值得你们敬佩的人,发掘他的优点并学习成长,却不知道该怎么去做。这里有几个小妙招,可以试试!

(一)欣赏他人

通过观察他人,进行比较,并总结自己的优缺点,激励自己、提升自我,从而让自己做得更好。

(二)赞美他人

观察他人并由衷地赞美,让献花的你全身沾满香气。

五、心理科学链接

"天生的"英雄?

美国国防部曾经支持耶鲁大学的几位学者研究在服役期间和退役之后，那些表现出英雄主义行动的军人和违反纪律的逃兵之间的差异。研究者发现，很多英雄其实并不是先天就具有英雄的气质，大多数人都有恐惧、退缩的心理，甚至有人也想和其他人一样逃避。这些人之所以能够活下来，主要是因为他们具有荣誉感、责任感和当时不得不做出的选择。换句话说，人人都可以成为英雄。但他们的英雄主义行动，是受当时的环境条件、瞬息万变的局势、同伴和朋友之间的感情，以及自己的责任和荣誉感影响的。所有这些因素都促使很多人，在特定的环境和条件下，做出超乎寻常的行动。

第五节
没有什么大不了

一、《论语》导读

（一）跟我读

子曰："君子之于天下也，无适也，无莫也，义之与比。"

——《论语·里仁》

（二）跟我译

孔子说："君子对于天下的人和事，没有规定一定要怎样做，也没有规定一定不要怎样做，而只考虑怎样做才适当。"

二、心灵启航

一个老和尚问小和尚："如果你前进一步会掉下悬崖，后退一步会有吃人的野兽，你会怎么选择？"小和尚毫不犹豫地说："我会选择往旁边去。"

在生活中，我们遇到进退两难的情况时，换一个角度去思考，也许就会明白天无绝人之路，路的旁边还是路。不论遇到什么困难，总会有解决的办法，要学会积极面对。

三、积极体验

（一）情绪变脸游戏

请几位同学分别表演以下情绪：喜悦、悲伤、愤怒、失望、期待……大家来评一评谁表演得最到位？

（二）破冰游戏

你要与几个朋友一起玩这个游戏，你还要尽可能偏离一贯的社会行为。游戏内容是要你学动物园里动物的叫声。

请看表 7-1，它会告诉你，你要表演的动物是什么。

请按你姓氏汉语拼音的第一字母，选择你要表演的动物。

表 7-1 动物名称

你姓氏汉语拼音的首字母	动物名称
A—F	狮子
G—L	狗
M—R	公鸡
S—Z	猩猩

现在请你选择一个伙伴（最好在这些朋友中挑一位不太熟悉的人作为伙伴）。你们彼此目不转睛地盯着对方，同时大声学动物叫，至少10秒钟。

你是否注意到，帮助你在这个游戏中创造性发挥的是幽默。当你灵机一动，模仿出种种出人意料的叫声时，便会获得满堂喝彩，或者逗得大家捧腹大笑；而倘若你感到尴尬，就羞于开口，无法体验到其中的乐趣。

四、方法指南

如果你感到情绪低落，想要调整状态，但是不知道该怎么做，这里有几个小妙招，可以试试！

（一）接受失败，总结经验

犯错是人生的一部分，当你失败或者犯错时，勇敢承认自己的失败，并及时反思与总结，以更好的状态去面对挑战。

（二）积极的自我暗示

语言对情绪有极大的暗示和调整作用，当你遇到困难或挫折时，默默地对自己说："不要放弃，我能行，下次我一定能做到。即使做不到，也没什么大不了。"

（三）运动宣泄调节法

沮丧或愤怒会让人在生理上产生一些异常，但是我们可以通过运动，如跑步、打球、游泳等方式，使生理恢复正常。生理一旦恢复，情绪也就自然恢复了。

五、心理科学链接

家庭教育中的情绪管理

面对孩子起伏的情绪变化，有些家长视消极情绪为大魔王，要打压和消除。而事实上，情绪既然是进化选择出来的人类的适应机制，那么一定有特别重要的保护人类生存的意义。比如，当我们对一个新的环境感到恐惧的时候，它一定会促使我们逃跑，因而让我们能够脱离危险；当我们感到愤怒的时候，它能够促使我们去攻击或者示威，能够提醒我们消除隐患，以保护自己及自己所珍爱的人和事物；当我们感到伤心的时候，它促使我们去关注即将失去的人和事物，也提醒我们可能有更大的损失在后面；当我们感到厌恶的时候，它促使我们逃离厌恶的事物，从而让我们能够远离有害的、恶劣的、不道德的事情；当我们感到焦虑的时候，能够促使我们集中注意力应对危险，也能够提醒我们危险就在身边或不远的未来。

面对孩子情绪的波动，家长可以从以下几个方面进行疏导。首先，帮助孩子表达自己的感受。家长要做好榜样作用，不以冷嘲热讽的态度去评判孩子。不要说"你都这么大了，还需要我教你及时添衣吗？"，而是表达自己的感受，"你要自己学会在天冷时添衣，不然妈妈会担心的。"其次，接纳孩子的情绪。让孩子知道自己的不良情绪是合理的，可以用语言表达自己的理解，比如，"我理解你的感受"。第三，引导孩子进行情绪管理。情绪看似神秘，但并不是无迹可寻的，情绪管理也是有可能的。家长可以利用阿尔伯特·艾利斯提出的合理情绪疗法帮助孩子一起找出对事件的认知和解释，激发信念，调整情绪和行为的结果。当孩子想过度发泄情绪时，比如摔东西、砸东西，可以让孩子做深呼吸，观察自己身体不舒服的地方，用呼吸来安抚情绪。

第八章　管理消极情绪

第一节
面对困难我有良方

一、《论语》导读

（一）跟我读

子曰："仁者安仁，知者利仁。"

——《论语·里仁》

（二）跟我译

孔子说："仁人是安于仁道的，有智慧的人则是知道仁对自己有利才去行仁的。"

二、心灵启航

曾经有一个令人无限钦佩的美国登山爱好者，他独自攀登勃朗峰时右手被落石压住了。面对绝境，他毅然将右手砍去，而后下山寻求救援。

同学们，绝境不等同于绝望，更不能选择放弃，要学会在处于绝境时依靠自己，积极行动，寻找希望，因为自己是走出绝境的唯一指路人。

三、积极体验

（一）心灵小故事：两只青蛙的遭遇

觅食中的两只小青蛙，不小心掉进了路边的一只牛奶罐里。牛奶罐里还有一些牛奶，但是对于小青蛙们来说足以造成灭顶之灾。

一只青蛙想："完了，全完了，这么高的一只牛奶罐啊，我是永远出不去了。"于是，它很快就沉下去了。

另一只青蛙看见同伴沉没于牛奶中时……

> **思考：**请同学们设想一下，如果你就是那只掉进牛奶罐的青蛙，你会怎么做？全班同学请分小组讨论。小组讨论结束后，教师展示寓言的后半部分。

另一只青蛙看见同伴沉没于牛奶中时，并没有任自己沮丧、放弃，而是不断告诫自己："我有坚强的意志和发达的肌肉，我一定能够跳出去。"它每时每刻都在鼓起勇气、积蓄力量，一次又一次奋起跳跃，生命的力量与美展现在它的每一次搏击与奋斗里。

不知过了多久，它突然发现脚下黏稠的牛奶变得坚硬起来。原来，它反复踩踏和跳动，已经使液状的牛奶变成了一块奶酪！它的不懈奋斗和挣扎为自己换来了自由的那一刻——它快活地从牛奶罐里跳了出来，再次回到了绿色的池塘里。而那一只沉没的青蛙永远留在了那块奶酪里。

> **启示：**挫折对弱者来说可能是万劫不复的深渊，但对强者来说只是一次成长的历练。对待挫折的态度不同，结果也截然不同。我们需要学习那只逃生的青蛙，正视眼前的困难，并奋起挑战。

（二）智慧连一连

当你做错事时　　　　　　（a）懂得"矛盾无时不有"

当你对新环境不适应时　　（b）做到"吃一堑长一智"

当你和同学有矛盾时　　　（c）理解、沟通是解决问题的最好办法

当你和家人有误会时　　　（d）要相信"环境是人创造的"

四、方法指南

作为小学生，面对困难和挫折的时候，我们应该做出怎样的选择？这里有几个小妙招，也许能帮助你！

（一）正确对待困难和挫折

生活中的困难和挫折无处不在，消极应对绝不是上策。把一个个挑战当成闯关升级的障碍物，才会有不断前进的勇气。

（二）努力寻找解决办法

面对生活中的磨难，我们该努力去寻找解决策略。寻求帮助并不可耻，实际上，不耻下问是优良品质。我们可以学着从书里找方法，从家人与朋友那儿寻意见，从生活中长经验。

五、心理科学链接

如何应对惨不忍睹的考试成绩呢？

第一步，接受现实。首先是不要紧张，每个人不可能在每次考试中都取得优异的成绩。成绩好不好，对不同的人来讲，标准是不一样的，也许有些人会认为没达到自己理想中的成绩就是不好的成绩，也许有些人认为不及格才是不好的成绩。因此，每个人都会有觉得自己的成绩不太好的时候。然而，即使得了不好的成绩，也千万不要觉得世界末日到了。只要努力，只要有计划，只要有行动，都可以从不好的成绩中"咸鱼翻身"。

第二步，采取行动。跟你的老师谈一谈，寻求老师的支持和帮助。与

老师交流，表示你关心自己的学习成绩，尊重老师的教学、知识和经验。这样做，不但能学到新知识，还能改善你与老师的关系。

第三步，确定风格。每个人的学习风格是不太一样的。有些人记忆超群，回忆知识的能力比较强，那么，你就尽量把自己的记忆能力发挥到极致；有些人喜欢视觉加工信息，如画图、画表、罗列事实等，那么，你就尽量把你所学的知识进行再加工，变成你喜欢的视觉材料；还有一些人也许喜欢看视频、看录像，而不是听课，那就尽量多复习录像、录音材料，以帮助你记忆、理解所学的知识；如果你发现自己最好的信息加工方式是听自己说话，你就不妨读出来，自己听一听，边读、边听、边记，也许能够帮助你更好地理解所要掌握的知识。

第二节
测测你的反思力

一、《论语》导读

（一）跟我读

子曰："躬自厚而薄责于人，则远怨矣。"

——《论语·卫灵公》

（二）跟我译

孔子说："严厉地责备自己而宽容地对待别人，就可以远离别人的怨恨了。"

二、心灵启航

同学们想一想，当你们不小心跌倒时，第一个念头是不是看看脚下什么绊倒了自己，责怪别人乱放东西或责怪道路坑洼？虽然这么做没有减轻疼痛，却找到了一丝安慰，可以证明自己没有责任。

在生活中，人往往容易原谅自己，为自己开脱，找借口掩盖自己的过失和不足，倒是常常责怪别人，把失误或者过错归咎于别人，这样不但失去了反省自己的机会，而且会引起别人的反感和埋怨，甚至憎恨。

人与人相处，难免会发生纠葛，这时要有宽广的胸怀，这样既能保持愉快的心情，又能营造和谐的氛围。学会反省自己，始终是最明智、最正确的生活态度。人需要不断地进行自我完善才能进步，才会随时代一起创新，一起成长。

三、积极体验

（一）令我后悔的一件事

分享一件最令自己后悔的事情，讲一讲为什么会后悔。思考一下：如果事情再次发生，我们要如何处理？

（二）照镜子

每位同学准备一面小镜子，反问一下镜子里的自己："我是谁？我是一个怎样的人？"思考两分钟，然后跟大家讲一讲自己是个怎样的人。

四、方法指南

每位同学写出自己和同桌的优点和缺点各三条，然后交换并对照，检查自我认识和他人认识是否一致，并做出适当的调整。

让自己的家人和朋友对自己提出一些建议或者需要改进的地方，并接受这些建议，勇于面对自己的问题，再想一想如何去改正。

五、心理科学链接

成长型思维模式

为什么有些人喜欢接受挑战，在面对困难时很坚韧，而另一些具有同样天赋的人却避开挑战，在遇到挫折时崩溃？童年经历触发了卡罗尔·德韦克对这个课题的研究兴趣，她从毕业起就开始研究为什么有些人成功，而有些人失败。最终，她揭开了成功的秘密——思维模式的不同。

德韦克发现那些发展得很好的人往往拥有不同的思维模式，他们倾向于成长型思维模式，相信通过努力、良好的策略、其他人的反馈和帮助，可以提高他们的能力；而另一些人倾向于固定型思维模式，他们在心里对自己说："我的能力是天生的，在童年后，我的能力就是固定的了，我无能为力做出改变。"

德韦克的研究发现，当一个人处于固定型思维模式时，他想要保证其他人只看到自己最好的一面。当他失败时，他可能会感到受了威胁。但是当这个人处于一种成长型思维模式时，他不会害怕犯错和尝试有挑战的事情。固定型思维者总是担心别人对自己的评价不好，因而会专注于证明自己的能力、魅力等，尽量避免暴露不足；而成长型思维者会关注如何在过程中获得提高，注重自己学到了些什么。以积极的态度，让自己拥有成长型思维，你会变得更加优秀！

第三节
百善孝为先

★ ★ ★   ★ ★ ★

一、《论语》导读

（一）跟我读

子曰："事父母几谏，见志不从，又敬不违，劳而不怨。"

——《论语·里仁》

（二）跟我译

孔子说："侍奉父母，对他们的缺点应该委婉地劝止。如果自己的意见没有被采纳，仍然要对他们恭敬，不加违抗，只在心里忧愁而不怨恨。"

★ ★ ★   ★ ★ ★

二、心灵启航

有一次，子路年迈的父母很想吃米饭，但是家里连一点米也没有了，怎么办？子路想，要是翻过几座山到亲戚家借点米，不就可以满足父母的这点要求了吗？

于是，小小的子路翻山越岭走了十几里路，从亲戚家背回了一小袋米，看到父母吃上

了香喷喷的米饭，子路也忘记了疲劳。邻居们都夸子路是一个勇敢孝顺的好孩子。

父母是孩子最亲近、接触最多的人，为孩子的成长付出了心血和汗水。我们要感激这份养育之恩，要学会爱父母。

三、积极体验

迷你小剧场：孕妇和老人

1. 扮演孕妇，感受妈妈怀孕时的辛苦。把吹好的气球放进衣服里，体验孕妇妈妈在捡、拿、拎东西的时候是多么不易。

2. 扮演老人，感受父母年迈后生活的不便。将小沙袋等负重物品绑在身上，体验父母晚年时行动的困难。

四、方法指南

（一）给下了班劳累一天的父母递上一杯水，捶一捶背

父母用自己的双手和汗水养育了我们，所以我们要回馈父母，让父母也能感受到我们的爱。

（二）对父母说一句"我爱你"

有时候我们不善于向自己的父母表达爱意，但实际上，一句简单的"我爱你"会让他们充满力量。

触摸的温度

在现代社会生活中，由于互联网沟通带来的便利，人与人之间缺乏面对面的交流和肢体接触使人产生了比较严重的社会心理问题。其实，我们在生活中，特别是在亲人之间，可以多一些肢体的接触，如拥抱、碰碰撞撞、击掌、握手、亲吻等。人与人之间的缘分，其实就是从选择接近开始。

第四节
宰相肚里能撑船

一、《论语》导读

（一）跟我读

子曰："泛爱众，而亲仁。"

——《论语·学而》

（二）跟我译

孔子说："博爱众人，有仁德的人。"

二、心灵启航

管仲是春秋时期齐国人，他有经邦济世的才能，学贯古今，且相貌堂堂。年轻时，他与鲍叔牙一起做生意，赚了钱分账时，多拿钱的总是管仲。大家知道后个个都很生气，但鲍叔牙却不这样，反而说："管仲不是一个贪小便宜的人，他多拿是因为家里穷，我是心甘情愿让他多拿的。"

后来，管仲参了军，打仗时缩在最后面，而撤退时又跑在最前面。他胆小鬼的名声就这样传开了。鲍叔牙出面制止别人的耻笑，说管仲并不是真的胆小，是因为他家里有老母亲需要他赡养。

这些话让管仲十分感动，他忍不住说："生我的是我的父母，而能真正了解我的却是鲍叔牙！"自此以后，他们俩结成了生死之交。

鲍叔牙对管仲的知遇和推崇，最终让"管鲍之交"成为代代流传的佳话。

宽容能化害为利、化敌为友，是一种强大的力量。毕竟人心不是靠力量可以征服的，宽容大度可以融化一切心灵的坚冰。

三、积极体验

（一）迷你小剧场：矛盾解决师

同学 A 正在进行体育锻炼，在锻炼过程中，不小心被同学 B 撞了一下。同学 B 要怎么做才能得到同学 A 的原谅呢？请同学们发挥一下想象力，继续完成表演。

（二）小游戏：你是个记仇的人吗？

游戏目的：帮助你确定自己是不是一个容易记仇的人。

材料：白纸、笔。

场地：室内。

游戏步骤：游戏开始前，给每个参与者一张白纸和一支笔。接下来，提问者提出问题，然后参与者根据实际情况，把选择依次写在白纸上。选择"经常""有时"和"很少"这三个中的一个，其中，选择"经常"的得3分，选择"有时"的得2分，选择"很少"的得1分。最后，根据你的得分进行心理分析。

1. 晚上躺在床上你是否会回想白天与人发生争执的情景？

2. 你是否感到你在生活或学习上所付出的努力没有得到回报？

3. 你是否一想起很久以前别人给你造成的伤害就愤愤不平？

4. 你是否认为有必要对伤害你的人进行报复？

5. 你是否特别留意别人是支持你还是反对你？

6. 你不能原谅对你态度很坏的人吗？

7. 你是否会嘲笑或贬低与你意见不一致的人？

8. 你是否因为一点头痛、腰痛、脖子痛及身体其他部位的无关紧要的疼痛而感到痛苦？

9. 同学是否指责你过分敏感？

9～15分：你是一个特别宽宏大量的人，很少因为受到伤害而烦恼，你的宽宏大量让你很容易与朋友友好相处。

16～21分：你既不是特别宽宏大量的人，也不是容易记仇的人。当你发现自己滋长了消极情绪时，通常可以制止它，这使你不至于沉湎于无法解脱的沮丧和怀恨的情绪之中。

22～27分：你可能是一个容易记仇的人，不公正的态度是你烦恼的根源。你要学会原谅别人，否则你的身心健康将受到损害。

游戏心理分析：人在社会的交往中，吃亏、被误解、受委屈的事总是不可避免地发生。面对这些，最明智的选择就是学会宽容。

四、方法指南

当你和别人发生矛盾时，应该如何用一颗宽容的心解决问题呢？

（一）面对问题时不要总是责怪对方

每个人都会犯错，想想自己是否有过失。

（二）保持冷静

当矛盾发生时，请静下心来想一想为什么会发生这件事情。

（三）换位思考

学会站在对方的角度进行思考，多考虑别人的感受。

（四）学会尊重他人

学会尊重他人，用平和的语气和他人进行交流。

（五）回忆过去

想一想你和现在记恨的那个人曾经的愉快时光，回忆一下他曾经对你的帮助，这将有助于你下决心消除隔阂。

五、心理科学链接

善言不离口

少量的消极反馈、批评和建议显然很重要，也是不可或缺的。不过，即使是最善意的批评也可能损伤关系，伤害对方的自信心与主动性。消极反馈能改变行为，但它肯定无法激励人们最大限度地发挥出自身的优势。

人与人之间维持任何形式的关系，交流、体贴、宽容、同情、支持、感恩、尊重和欣赏都是非常重要的元素。那些总是轻视、挑剔自己的伙伴，忽视伙伴的优点和情感需求的人，往往为自己埋下失败的种子。

善言不离口。好好说话，多多说好话。

第四篇　积极应对

第九章　习惯养成

第一节
我是生命的主人

★ ☆ ☆　　　　　　　　　　　　　　★ ★ ★

一、《论语》导读

（一）跟我读

子曰："莫我知也夫！"子贡曰："何为其莫知子也？"子曰："不怨天，不尤人，下学而上达。知我者其天乎！"

——《论语·宪问》

（二）跟我译

孔子说："没有人了解我啊！"子贡说："怎么能说没有人了解您呢？"孔子说："我不埋怨天，也不责备人，下学人事而上达天命。了解我的大概只有天吧！"

★ ☆ ☆　　　　　　　☆ ★ ☆　　　　　　　★ ☆ ☆

二、心灵启航

孔子说，他不断学习，探求知识和真理，从不怨天尤人。不论是学习，还是做其他事情，与其怨天尤人，不如全力以赴。同学们，当你们抱怨学习让你们感到很累时，请想想，是不是自己的学习方法有问题呢？是不是自己最近不够专注用心呢？抱怨，只会偷走你的时间，让你一事无成；抱怨，只会令你牢骚满腹，无法进步。当我们遇到困难时，不要急着责怪这个、埋怨那个，不如先从自己身上找找原因。把抱怨的时间用来寻找问题根源和解决方法，积极面对，我们才能有所收获。

三、积极体验

（一）心理剧场：小慧的故事

小慧是一名游泳选手，但她的比赛成绩一直不太理想，她很苦恼，觉得是自己的教练不够优秀，不能帮助自己度过瓶颈期。小慧妈妈开解她："慧慧，你认为教练不够好，带着不满的情绪参加训练，怎么能有好成绩呢？"

听了妈妈的话，小慧会有什么改变呢？请你想一想。

_____

_____

（二）心灵调解员

这里有几位同学，他们正在抱怨自己最近的遭遇，请你帮帮他们，说说如何积极应对。

1. 云云参加了班干部竞选，认为自己很有希望当选班长，结果却落选了。

2. 小帆明天要参加马拉松比赛，可就在前天不小心摔断了腿，他十分沮丧。

3.自从换了新老师，欣欣的考试成绩一次次下降，她很着急，也慢慢不喜欢自己的老师了。

四、方法指南

当你遇到问题时，不要心急，这里有一些小方法可以帮助你排解压力，积极应对。

（一）调整心态，积极面对

遇到问题不慌乱、不急躁，积极调整自己的不良情绪，保持冷静。同时，做一些能让自己放松的事情，如听听音乐、吃吃美食、看看书、多与家人或好朋友在一起。

（二）学会自省，勤于反思

不要着急推卸责任，先想想自己是如何做的，是什么原因导致问题出现，积极寻找解决问题的办法，而不是找出别人的错误，徒增抱怨和烦恼。

（三）加强锻炼，增强体质

健康的体魄会让我们更有能力应对压力。

（四）敞开心扉，学会倾诉

向他人倾诉，并不是抱怨，而是把困难和压力说出来，这可能会帮助我们更好地释放压力，然后轻装前行。

（五）寻求帮助，获得支持

当碰到自己解决不了的问题时，学会向家人、朋友或者老师寻求帮助。

五、心理科学链接

自我服务的偏差

在学习中，自我服务的偏差表现为我们将考试中得到好成绩归因于自己的努力、智力，而将不及格归因于考试太难、运气不好。

我们经常不认为自己不知道，而是认为自己知道；我们认为自己所认为的，世界就是现实的世界，在哲学上这称为"朴素现实主义"，在心理学上这就是一种"自我服务的偏差"。

第二节
我要成为"君子儒"

一、《论语》导读

（一）跟我读

子曰："吾十有五而志于学，三十而立，四十而不惑，五十而知天命，六十而耳顺，七十而从心所欲，不逾矩。"

——《论语·为政》

（二）跟我译

孔子说："我十五岁立志于学习；三十岁能够自立；四十岁能不被外界事物所迷惑；五十岁懂得了天命；六十岁能正确对待各种言论，不觉得不顺；七十岁能随心所欲而不越出规矩。"

二、心灵启航

孔子给自己不同的人生阶段设立了不同的目标，我们也可以一步步明确自己前进的方向。那么，我们怎样才能成长为一名"君子儒"呢？一个好的目标，能够更好地帮助我们把握方向，并持之以恒地坚持下去，成长为更优秀的人。

三、积极体验

（一）晒晒我的目标

有一天，爱迪生正在埋头读书，一位先生走过来问："你已经读了多少书啦？"爱迪生回答："我读了十五英尺了。"先生听后笑道："哪有这样计算读书的？你刚才读的那本书，和现在读的这本书完全不同，你是根据什么原则选择图书的呢？"爱迪生老老实实地回答："我是按照书架上图书的次序读的。我想把这座图书馆里所有的书，一本接着一本都读完。"先生认真地说："你的志向很远大。不过如果没有具体的目标，学习效果是不会很好的。"这席话对爱迪生触动很大，成为他明确学习方向的一个转机。后来，他根据自己的爱好、兴趣和专业，把读书的范围逐步归拢到自然科学方面，尤其注重电学和机械学。由于确定了目标，读书有了方向，爱迪生掌握了系统而扎实的知识，成为伟大的科学发明家。

1. 请参照爱迪生的做法，根据自己的特长和爱好，写下本学期自己的学习目标。

_____

2. 恭喜你，现在你有自己的学习目标啦，真棒！想一想，有目标和没有目标，对于提高自己的学习能力和水平有什么不同呢？

_____

（二）跳一跳，想一想

请同学们在黑板上画一条比自己稍高1厘米的线、一条比自己高出一头的线，以及一条高出自己半个身子的线。依次跳一跳，看看能否跳过这三条线，然后说说你得到的启示。

四、方法指南

同学们，怎么样？现在你知道要设立目标并不是一件简单的事儿了吧！设立切合自身实际情况的目标，是需要一些小技巧的！请大家参考下面的步骤，设立真正适合自己的目标吧！

（一）了解自己

根据自身的条件、特点和发展情况设立一个恰当的目标。这个目标既不能过高，也不能过低，要能够为我们指引方向。

（二）分阶段进行

要善于将总目标分解为阶段性目标。例如，为了实现提高学习成绩的总目标，我们可以从提高单元检测成绩、期中检测成绩和期末检测成绩等阶段性目标入手，激励自己逐步向总目标靠近。

（三）有行动计划

设立总目标和阶段性目标之后，还要制订相应的行动计划来实现自己的目标！比如，为了提高自己的写作水平，每天写一篇日记；为了提高自己的数学成绩，除了完成老师布置的作业外，可以每天多做5道口算题来巩固计算基础，也可以多做5道有挑战的数学题来提高能力。

（四）反省和检查

在执行目标的过程中，我们还要定期反省和检查，如果发现制定的目标不是很合理，就需要进行适当的修正和完善。

五、心理科学链接

白日梦

人是唯一会做梦的生物，即使我们什么都不想的时候，我们也有将近20%的大脑养分花在做梦和憧憬未来上。

正是因为人的这种特性，我们发现：凡是憧憬未来、计划未来、想象未来的人，身心会更加健康一些，不良习惯会更少一些，锻炼也会更多一些。

这些有梦想的人，学习习惯也好，学习成绩也好。生活中，喜欢谈论过去的人，往往是一些老人、病人、穷人、精神不健全的人；喜欢谈论未来的人，往往是一些年轻的人、健康的人、富有的人。你会与他人谈未来、谈理想吗？

第三节
我有指路"明星"

一、《论语》导读

（一）跟我读

子曰："君子食无求饱，居无求安，敏于事而慎于言，就有道而正焉，可谓好学也已。"

——《论语·学而》

（二）跟我译

孔子说："君子，饮食不求饱足，居住不要求舒适，对工作勤劳敏捷，说话却小心谨慎，到有道德、有学问的人那里去匡正自己，这样可以说是好学了。"

二、心灵启航

孔子视有道之人为明镜，我们也要去寻找那一颗闪闪发光的指路"明星"，让它指引我们向着正确的方向去努力，用有效的方法更好地帮助我们实现自己的目标。这颗指路"明星"到底是谁呢？我们来一探究竟吧！

三、积极体验

（一）找找指路"明星"

迪迪最近很苦恼，在上次考试中，她的语文成绩和数学成绩都只有70多分，非常不理想。为了提高自己的学习成绩，迪迪决心要努力学习，但是她不知道应该怎么努力才能达到这个目标。同学们，你们是不是也有类似的困惑呢？

1. 在学习过程中，我们会自觉或不自觉地养成一些学习习惯，大家能列举3个自己的学习习惯吗？

_____

_____

2. 同学们，要想获得好成绩，不仅要努力学习，还要有良好的学习习惯和方法。接下来，请大家分小组讨论，看看大家记下来的学习习惯，哪一些可以借鉴学习，哪一些需要改变。

3.经过之前的讨论，请大家结合自己的情况，想一想：若要提高学习效率，需要培养哪些好的学习习惯，纠正哪些不好的学习习惯呢？请在下面列出来吧！

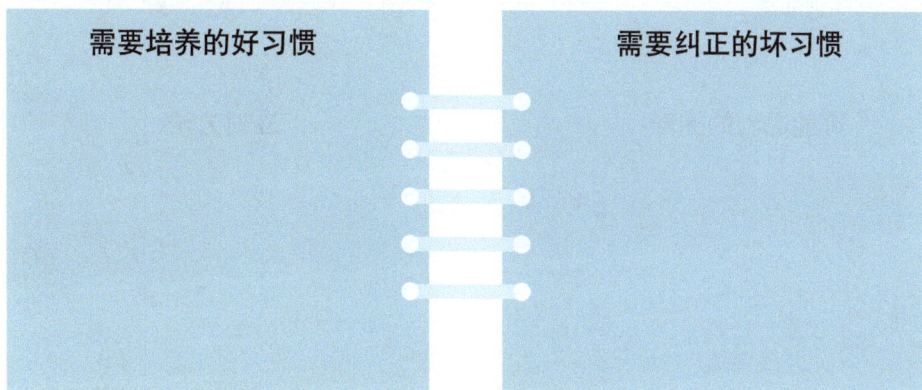

需要培养的好习惯	需要纠正的坏习惯

（二）坏习惯大变身

同学们，通过上面的活动，大家已经知道了哪些是好习惯、哪些是坏习惯。那么，我们应该怎样做，才能养成良好的学习习惯呢？大家一起来做个游戏吧！

首先，请同学们想想自己的一个坏习惯，并且思考怎样把这个坏习惯变成好习惯。然后想一想：在改正坏习惯的过程中可能会遇到哪些困难呢？应该怎样去解决呢？

比如做作业不认真，总是边玩边学。如果想把这个坏习惯变成好习惯，就要先完成作业再玩耍，写作业的时候集中精力，做到认真学、不走神。在改正坏习惯的过程中，可能会难以坚持下去，尤其是当看见一些玩具或者娱乐设备时，很可能会把学习抛到一边，开始玩耍。对于这个问题，可以这样解决：把自己的学习环境整理得干干净净，尽量不要放置一些会让自己分心的物品。有步骤地培养自己的好习惯。例如，第一次，学习30分钟再玩耍；第二次，学习40分钟再玩耍；第三次，学习50分钟再玩耍，不断地延长学习的时间，直至能够做到坚持完成作业之后再玩耍。

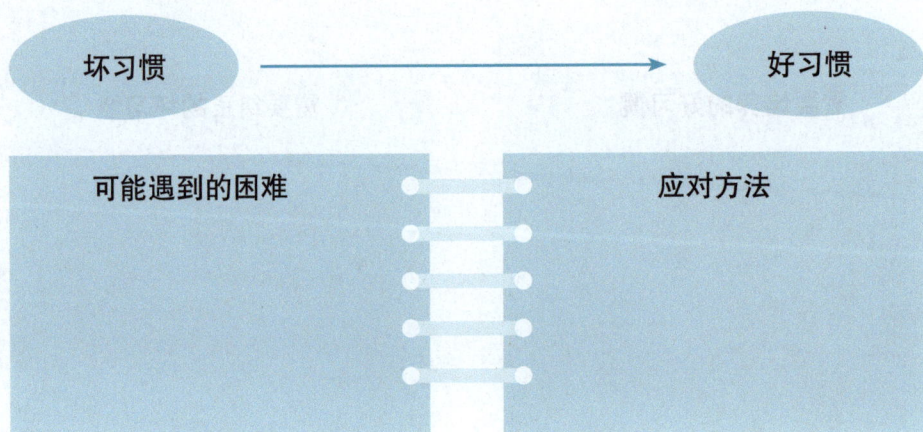

四、方法指南

同学们，采用恰当的努力方法，才能事半功倍，而采用不恰当的方法，往往事倍功半。那么，我们该如何找到正确的学习方法，提高学习的效率呢？这里有几个小妙招，可以试试！

（一）确定目标

思考自己遇到的问题是什么；这些问题会给自己的学习带来哪些不好的影响；为了避免这些不好的影响，应当做出哪些改变，从而确定自己的努力目标。

（二）实现目标

确定目标之后，要思考如何做才能更加高效地实现自己的目标，找到努力的方法。可以采取的方式有：

1.了解其他同学是否遇到类似的问题和困扰，他们的解决方法是什么，最后的效果怎么样。

2.通过学校图书馆或者网络自行查阅相关的资料，了解科学的解决方法有哪些，在查阅的过程中要注意分辨信息的真伪。

3.向老师或者家长求助，请他们针对自己的情况提出一些建议。

（三）优化方法

在改变现状、实现目标的过程中，要学会定期根据自己的目标和努力方向纠正自己的行为，并结合实际情况调整和优化自己的方法，推动自己向着目标奔跑得更稳、更快、更好！

请根据以上的信息和资料，结合自己的实际情况，找到合适的努力方法吧！

五、心理科学链接

家庭教育中的习惯教育

现阶段，不少家长片面追求孩子取得好分数，忽视了习惯教育，致使孩子养成了一些不良习惯，如自理能力差、学习不主动。为了培养孩子的好习惯，家长可以从以下几个方面入手：第一，培养孩子的时间观念。凡事有计划，计划有期限。家长可以和孩子一起讨论短期和长期的计划，并制定合理的时间规划表。第二，学会放手，不包办。多给孩子一些动手的机会，比如跑腿买东西、做家务、整理自己的书包和文件袋等。在孩子尝试时，家长要给予一定的指导，消除安全隐患。第三，改善家庭环境。孟母三迁的故事告诉了我们环境的重要性，在喧嚣的环境里，孩子很难专注于手头的事情。因此，在孩子学习时，不宜把电视声音开得过大，或置孩子于一个人来人往的公共场所中。

第四节
马拉松，我能行

一、《论语》导读

（一）跟我读

子夏曰："日知其所亡，月无忘其所能，可谓好学也已矣。"

——《论语·子张》

（二）跟我译

子夏说："每天学到一些过去所不知道的东西，每月都不能忘记已经学会的东西，这就可以叫作好学了。"

二、心灵启航

同学们，你们知道吗？马拉松比赛全程 42.195 千米，约等于绕操场跑 105 圈。这项运动考验的不仅是选手的速度，更是他的耐力。要想在比赛中获胜，就必须坚持不懈地跑下去，并要时刻关注自己的身体状态，使自己能够在体力耗尽之前到达终点。学习和习惯的养成同样如此，我们每天都要不断告诉自己坚持、坚持、再坚持！同时，还要善于利用各种方法有效监督自己的行为，引导自己能够持之以恒地努力下去，最终实现目标。

三、积极体验

（一）经验分享营

1.英国作家萨克雷有句名言："播种行为，可以收获习惯；播种习惯，可以收获性格；播种性格，可以收获命运。"同学们，在成长过程中，你们有没有养成一些良好的习惯呢？请写一写。

_____

_____

2.在培养习惯的过程中，你有没有遇到一些困难或者挑战呢？如果有，你是如何克服这些困难的呢？

_____

_____

3.你有没有一些监督自己行为的好方法可以供同学们学习和参考呢？分享一下吧！

_____

_____

（二）习惯训练营

同学们，心理学研究证明，培养一个良好的习惯仅需21天，也就是3周。如果我们坚持行动90天，这个习惯就会稳定下来。如果能够坚持行动365天，你想改变这个习惯都会变得很困难。

想一想，自己有没有一些希望养成的好习惯呢？请动手设计一个属于你的"21天习惯养成方案"吧！

21 天习惯养成方案

1. 目标 _____
2. 行动 _____
3. 计划 _____

四、方法指南

同学们，我们已经认识到坚持对于完成目标的重要性，那么，怎样才能培养自己坚持不懈的意志呢？

（一）设定明确目标

目标越明确，我们坚持的力量就会越强。

（二）学会目标细分

可以通过做计划将看似遥远的大目标分解为一个个阶段性的小目标，降低难度，让我们有更强的信心坚持下去，解决困难，实现目标。

（三）寻求支持帮助

当自己感觉疲惫的时候，可以请家人、朋友和同学们为自己加油鼓劲，同时也更好地监督自己勇敢地面对挑战。

（四）树立优秀榜样

从榜样的事迹中获得坚持下去的力量。

五、心理科学链接

提升自我控制能力

怎样能提升我们的自我控制能力呢？

第一个很常见的方法就是体育锻炼。因为体育锻炼，练的不光是身体，更是我们的意志力。

第二个方法就是奖励。研究发现，通过物质和精神上的奖励，可以有效地抵消自我控制资源消耗的影响作用，所以，额外的奖励、安慰、鼓励，能让我们持续完成一项任务，能让一个已经不喜欢做一件事情的孩子，通过父母亲的爱抚、鼓励与支持，坚持做下去。

第三个方法就是要远离诱惑，远离让我们分心、分神、受干扰的事情。比如一个人减肥的时候，要让自己远离食物的诱惑。少见、不见、不念、不想，都会让我们的自控力提升。

第五节
行动上的巨人

★★★ ━━━━━━━━━━━━━━━━━━━━━━━━━ ★★★

一、《论语》导读

（一）跟我读

子曰："人能弘道，非道弘人。"

——《论语·卫灵公》

（二）跟我译

孔子说："人能够使道发扬光大，不是道使人的才能扩大。"

★★★ ━━━━━━━━━━━━━━━━━━━━━━━━━ ★★★

二、心灵启航

同学们，你们知道什么是"空想家"吗？他们总是有各种各样的想法，却从不采取行动去实现这些想法。久而久之，他们就只剩下一些天马行空的想象，最终一事无成。要想成功，绝不能做"思想上的巨人、行动上的矮子"。

三、积极体验

（一）分享未竟之梦

各位同学，大家在成长过程中，有没有产生过一些想法，却没有采取行动去实现呢？没有实现这些想法的原因是什么呢？请在下面把它们列出来吧！

想法	未实现的原因
（1）＿＿＿＿＿＿＿＿＿＿＿ ＿＿＿＿＿＿＿＿＿＿＿＿＿＿	（1）＿＿＿＿＿＿＿＿＿＿ ＿＿＿＿＿＿＿＿＿＿＿＿＿＿
（2）＿＿＿＿＿＿＿＿＿＿＿ ＿＿＿＿＿＿＿＿＿＿＿＿＿＿	（2）＿＿＿＿＿＿＿＿＿＿ ＿＿＿＿＿＿＿＿＿＿＿＿＿＿
（3）＿＿＿＿＿＿＿＿＿＿＿ ＿＿＿＿＿＿＿＿＿＿＿＿＿＿	（3）＿＿＿＿＿＿＿＿＿＿ ＿＿＿＿＿＿＿＿＿＿＿＿＿＿
（4）＿＿＿＿＿＿＿＿＿＿＿ ＿＿＿＿＿＿＿＿＿＿＿＿＿＿	（4）＿＿＿＿＿＿＿＿＿＿ ＿＿＿＿＿＿＿＿＿＿＿＿＿＿

请同学们分小组讨论，整理没有采取行动的原因，看看它们是否存在相同之处。为了避免以后再次出现空想的情况，我们应该怎样去做呢？讨论结束之后，请小组代表上台分享自己小组的讨论成果。

（二）我是"勤奋之王"

目标的实现是一点一滴的勤奋累积而来的。请同学们任意选择一门学科，确定一周的学习目标，并且制订出详细的行动计划，至少要具体到每一堂课的学习情况、每一次作业的完成情况，见表9-1。然后，抄录一份计划表交由同桌保管，双方要互相监督。一周之后，老师会对一周的学习目标进行点评，看看谁能坚持达到自己的目标，成为"勤奋之王"。

表 9-1 一周学习目标

学科：					
目标执行人：					
周期	课时	小目标	具体行动	完成情况	完成效果
周一	课时 1				
	课时 2				
	课时 3				
	课时 4				
	作业				
周二	课时 1				
	课时 2				
	课时 3				
	课时 4				
	作业				
周三	课时 1				
	课时 2				
	课时 3				
	课时 4				
	作业				
周四	课时 1				
	课时 2				
	课时 3				
	课时 4				
	作业				
周五	课时 1				
	课时 2				
	课时 3				
	课时 4				
	作业				
周六	作业				
周日	作业				

四、方法指南

想要做行动上的巨人，成为"勤奋之王"，但无从下手？悄悄告诉你几个秘诀哦！

（一）制订计划

用计划拉近与目标的距离，通过做计划，我们可以将大目标分解为一个个阶段性的小目标，清晰明了。不仅要制订计划，还要坚持执行计划方案，直至达成目标。

（二）激励自我

目标并不是三五天就能实现的，在行动的过程中，每达成一个阶段性的小目标，就要给自己一些小奖励哦，比如，告诉自己："我真棒！接下来，还可以更棒！"让自己更有动力和热情去执行接下来的计划。

（三）定期总结

要定期进行回顾，不是一味盲目勤奋，要思考自己在上一次的行动当中存在哪些问题，最终导致了怎样的后果。那么，在下一次的行动中应该怎样去避免产生这样的问题。如果出现了这样的问题，可以采取哪些更好的方法去解决。通过反思和总结，我们可以更加高效地完成目标哦！

五、心理科学链接

自我效能感

1977 年，美国著名心理学家阿尔伯特·班杜拉提出：每个人完成对自己某方面能力的主观评估，就是我们的自我效能感。简单地说，自我效能感就是我们对自己能够取得成功的一种信念，换句话说就是"我能行！"。

自我效能感对我们的工作、学习和生活有什么样的影响呢？班杜拉认为：自我效能感主要影响我们对活动的选择，对这些活动坚持的程度，在困难面前的一些态度，以及进行这些活动时的一些情绪。

自我效能感高的人，一般能够主动去应对压力；而那些自我效能感低的人，通常采用逃避的方式来解决这种压力。自我效能感对焦虑感有很大的影响。那些相信自己能够应付可能出现的危险的人，很少把精力用来想象各种消极因素出现的可能性；那些觉得自己在高度焦虑时难以应付困难的人，往往会低估自己的能力，在头脑中不断想象各种可能出现的危险，并为此而烦恼。

第六节
成长无止境

一、《论语》导读

（一）跟我读

子夏曰："博学而笃志，切问而近思，仁在其中矣。"

——《论语·子张》

（二）跟我译

子夏说："博览群书、广泛学习并且坚守自己的志向，恳切地发问、求教，多考虑当前的事情，仁就在其中了。"

二、心灵启航

大家应该都听过"悬梁刺股"的故事吧，故事中的主人公孙敬和苏秦都通过刻苦学习成了非常博学的政治家。可见，博学并不是天生就有的，而是需要我们读万卷书，行万里路，通过不断的学习和思考慢慢积累的。其实，不仅是博学，其他能力，例如智慧、耐心、沟通，都是可以通过学习和锻炼慢慢培养的。

三、积极体验

（一）小测试：成长型思维

心理学家卡罗尔·德韦克认为，人有两种思维模式，一种是固定型思维，另一种是成长型思维。同学们，你们具有哪种思维呢？快来测试一下吧！

问题：

1. 科技小作品获得了班级第一名。

2. 这次考试失败了。

3. 数学不好。

4. 被同学推选为小组长，但是没有经验。

5. 同桌长跑很厉害，而自己跑得很慢。

成长型思维

★这是我认真努力的结果。
★虽然结果不好，但我发现了很多错误，以后我会考好的。
★我得想想新办法来提升数学能力。
★虽然我没有经验，但我想挑战一下。
★我可以问问同桌有什么方法可以跑得更快。

固定型思维

★这都是因为我很聪明。
★我太差劲了。
★太难了，我不想学数学了。
★我不太擅长这个，还是算了吧。
★这是天生的，我永远不可能这么厉害。

（二）制作行动清单

1. 你认为成长型思维与固定型思维分别有什么特点呢？

_____

2. 你认为哪一种思维更能够帮助我们克服困难、健康成长呢？

_____

3. 为了变得更加优秀，我们应该怎么去努力，才能将固定型思维转变为成长型思维呢？请在小组内讨论一下吧！

_____

四、方法指南

同学们，大家可以参考下面的方法来培养自己的成长型思维。

（一）相信一切事情都是暂时的

没有一成不变的事情，考试没有永远"不及格"，只有"暂时没通过"。

（二）进行积极的自我对话

当遇到一件事的时候，尝试从其他角度分析，转换思维，进行积极的心理暗示。比如："我数学不行"是固定型思维，对应的成长型思维是"我要训练我的数学能力"；"我放弃了"是固定型思维，对应的成长型思维是"我得想点招儿"；"这件事太难了"是固定型思维，对应的成长型思维是"我需要多花点时间和力气"；"这个不太可能做得更好了"是固定型思维，对应的成长型思维是"我还可以做得更好，继续努力"。

五、心理科学链接

聪明和努力

心理学家卡罗尔·德韦克等人曾做过一个经典实验。在实验中，他们让孩子们独立完成一系列智力拼图任务。首先，研究人员每次只从教室里叫出一个孩子，进行第一轮拼图测试。几乎所有孩子都能相当出色地完成任务。每个孩子完成测试后，研究人员会把分数告诉他，并附一句表扬的话。研究人员随机地把孩子们分成两组，一组孩子得到的是一句关于智商的夸奖，比如，"你在拼图方面很有天分，你很聪明"。另外一组孩子得到的是一句关于努力的夸奖，比如，"你刚才一定非常努力，所以表现得很出色"。为什么只给一句夸奖的话呢？对此，德韦克解释说："我们想看看孩子对表扬有多敏感。我当时有一种直觉，那就是一句表扬的话足以看到效果。"

随后，孩子们参加第二轮拼图测试，有两种不同难度，他们可以自由选择。一种较难，但会在测试过程中学到新知识；另一种是和上一轮类似的简单测试。结果发现，那些在第一轮中被表扬努力的孩子中，有90%选择了难度较大的任务；而那些被表扬聪明的孩子，则大部分选择了简单的任务。由此可见，自以为聪明的孩子，不喜欢面对挑战。

第十章　社会支持

第一节
好朋友，同进步

一、《论语》导读

（一）跟我读

孔子曰："益者三友，损者三友。友直，友谅，友多闻，益矣。友便辟，友善柔，友便佞，损矣。"

——《论语·季氏》

（二）跟我译

孔子说："有益的交友有三种，有害的交友有三种。同正直的人交友，同诚信的人交友，同见闻广博的人交友，这是有益的。同惯于走邪道的人交友，同善于阿谀奉承的人交友，同惯于花言巧语的人交友，这是有害的。"

二、心灵启航

同学们，大家知道"同志"这个词的含义吗？在我国古代，同志与先生、长者、君等词的含义一样，都是一种特别的称呼。春秋时期，左丘明认为：

"同德则同心，同心则同志。"《后汉书·刘陶传》曰："所与交友，必也同志。"同志，就是指志同道合的人。

在成长的道路上，我们会遇到各种各样的困难和挑战，如果能够与同伴相互鼓励、相互扶持，是不是会更有力量地去克服困难、勇往直前呢？

三、积极体验

（一）友谊回忆录

1.同学们，请回忆一下，在成长过程中，你们有哪些好朋友呢？能不能选择其中一位，跟大家介绍一下呢？

———————————————————————————————

2.请思考一下，这位好朋友身上有哪些优点值得你们去学习呢？

———————————————————————————————

3.在你们交往的过程中，有没有为了共同的目标而努力的经历呢？如果有，请详细地跟大家分享一下吧！

———————————————————————————————

（二）心理剧场：小城的约定

你和小城是好朋友，为了更好地激励自己好好学习，你们约定要一起努力、相互监督，争取在期末考试时所有科目的成绩都达到90分以上。但是，最近小城迷上了一款手机游戏，经常瞒着他的爸爸妈妈偷玩，在学习上很不用心。这样下去，小城的成绩很可能达不到约定的目标。作为小城的好朋友，你会怎么帮助他呢？

找到另一位同学，演一演吧！

四、方法指南

朋友的支持和帮助是我们健康成长和不断进步的重要力量。那么，我们应该怎么做，才能发挥同伴的力量呢？

（一）结交志同道合的好朋友

你们要有共同的兴趣爱好或者成长目标，还要有良好的品行。

（二）为了更好地跟伙伴共同进步，你们可以制定一些约定

例如，当伙伴感到沮丧、想要放弃的时候，你要为他加油鼓劲；当伙伴遇到困难的时候，你要及时给予帮助。

（三）学会集思广益

遇到问题时，一个人的力量是有限的，你可以跟小伙伴们相互交流，共同讨论出一些更好的方法，运用集体的智慧共同进步。

五、心理科学链接

好朋友，知多少？

你会因为自己的朋友少而感到苦恼吗？其实，朋友不在数量多少，而在关系深浅。

我们在人群中或聚会中也会感到孤独。因此，交友的质量更为重要。如果你有好朋友，能够让自己处在良好与温暖的关系中，那么，你的身心都会得到健康发展。

根据研究，人们进入五十岁时，影响其日后健康状况的主要因素是人们对目前所有关系的满意度。也就是说，在五十岁时对关系拥有很高满意度的人，在八十岁时是很健康的。所以，建立良好的朋友关系，是你走向健康的重要一步。

除了孩子们在学校和同伴之间的日常交往，家长也应帮助孩子们拓展其他交友渠道，提高孩子们的交友能力。比如：带孩子参加义工活动，加入"小小义工"的队伍，让孩子结识乐于助人的益友；参加书城定期举办的读书沙龙会，结识爱读书的小伙伴；参加各项体育活动，结识爱运动的好朋友。

第二节
友情的秘密

一、《论语》导读

（一）跟我读

子曰："里仁为美。择不处仁，焉得知？"

——《论语·里仁》

（二）跟我译

孔子说："跟有仁德的人住在一起，才是好的。如果你选择的住处不是跟有仁德的人在一起，怎么能说你是明智的呢？"

二、心灵启航

孔子认为要提高道德修养，既要自己刻苦修行，又要重视对朋友的选择。近朱者赤，近墨者黑，与有仁德的人住在一起，耳濡目染，自己也会变得更有仁德；反之，就很难养成仁德的情操。

同学们，真正的友情，不仅会让我们感到温暖和欢乐，还会帮助我们

形成良好的品行，激励我们向着更高的目标不断努力，成为更优秀的人。

三、积极体验

（一）我的择友标准

同学们，在学校里你们有没有结交一些好朋友？选择跟他成为好朋友的原因是什么呢？请写一写。

（二）大考验：友情的智慧

下面有一些小问题，请你做出选择，并且说明你这样选择的原因。

1.我想要跟他做朋友，是因为（　　　　）

A.他真诚善良，总是主动帮助有需要的同学。

B.他很威风，经常欺负其他同学，同学们都怕他。

请同学们分小组讨论，在选择交朋友的时候，应该制定哪些标准呢？

2.朋友跟自己的意见不一致，怎么办？（　　）

A.心里不痛快，不高兴。

B.先冷静，再仔细想想他的话，可能他说的也有道理。

3.被朋友误解了，怎么办？（　　）

A.心中很委屈，但不作声。

B.发生争吵。

C.不争吵，在背后发牢骚，或者说坏话。

D.真诚地说理，想办法和好。

4.考试的时候，好朋友想抄你的答案，你会怎么做？（　　）

A.告诉朋友这样做是不诚信的，应该自己答题。

B.如果老师看不到，就偷偷给他看。

四、方法指南

同学们，我们应该怎样去选择好朋友呢？怎样才能让友谊更牢固呢？可以参考以下几个原则。

（一）了解新朋友

交朋友之前，要先了解对方。我们要跟有道德、有原则的同学做朋友。

（二）信任好朋友

要信任自己的朋友，真诚地对待朋友，主动关心和帮助朋友。

（三）不排斥新朋友

在成长过程中，我们会遇到很多新朋友，我们应该主动把他们带入自己的朋友圈中，让大家有更多的机会互相学习。

（四）坚守原则

当朋友做出了错误的行为时，不应包庇他，不应对他的错视而不见，而应当主动帮助他，引导他认识错误、改正错误、获得进步，这样才是真朋友！

五、心理科学链接

各美其美

　　良好的朋友关系并不难维持，我们可以试着用心理学的方法来建立并维护自己与朋友之间的关系，成全自己幸福美好的人生。清华大学著名的社会心理学家费孝通先生曾经提出做人做事的十六字诀，那就是"各美其美，美人之美，美美与共，天下大同"。展现自己的魅力，成全别人的魅力，何事不能为？

第三节
我的班级我的家

一、《论语》导读

（一）跟我读

　　夫子怃然曰："鸟兽不可与同群，吾非斯人之徒与而谁与？天下有道，丘不与易也。"

——《论语·微子》

（二）跟我译

　　孔子很失望地说："人是不能与飞禽走兽合群共处的，我如果不与世上的人打交道，还能与谁打交道呢？如果天下太平，我就不会与你们一起进行改革了。"

二、心灵启航

大家耳熟能详的"孟母三迁"的故事，说明了环境的影响是非常巨大的。孔子也认为，一个人在社会上和不同的人打交道是不可以避免的。一个优秀的班集体需要每个人的努力。我们应当用心把自己的班级构建成团结友爱、互帮互助、积极向上的大家庭，借助集体的力量更好地学习和成长。

三、积极体验

（一）了解我的班集体

你了解自己的班集体吗？快来挑战一下吧！

1.我们班共有_____位同学，其中，男同学有_____位，女同学有_____位。

2.我们班的班长是_____，体育委员是_____，英语课代表是_____，其他班干部有_____

3.班级共有_____个学习小组，我在第_____组。除了我之外，我们小组还有这些同学：_____
_____

（二）建设我的班集体

1.请用三个关键词来描述你的班集体。

_____ _____ _____

2.你所期望的班集体是什么样子的呢？如果要成为你期望的班集体，我们还缺少哪些关键词呢？

_____

3.要想拥有这些关键词，我们应该怎么做呢？请大家讨论一下吧！

_____

四、方法指南

在学校，班集体就是我们温馨的家。我们要怎么做，才能构建出温暖有爱的家呢？

（一）认识班集体

班集体不仅是课堂学习的场所，还是我们学会与人沟通、与人交往、进行集体生活的重要环境。因此，我们应当认识到自己是这个大家庭中非常重要的一分子，主动地参与到班级活动当中。

（二）爱护班集体

我们不仅要爱护班级里的每一个物品，更要爱护班级里的每一位同学。当有同学遇到困难的时候，我们要主动地去帮助他；当有同学感到沮丧或者难过的时候，我们要温柔地安慰他；当有同学错误时，我们要大度地原谅他，帮助他改正错误。

（三）为班集体的发展添光彩

我们都是有智慧、有担当的小朋友，要善于运用自己的聪明才智将班集体建设得更加美好。例如：在开展班级活动时，积极地提出活动建议；在大扫除的时候，主动承担力所能及的任务；在竞选班委的时候，发挥自己的特长，竞选能够胜任的职位。

五、心理科学链接

"信任"基因

从生物进化的角度来看，绝大多数的人是会携带"信任"基因的。试想，我们远古时代的祖先怎样才可以更好地抵御外敌，获得更多的生存资料？那一定是要合作，要分工。因此，从远古时代开始，人们就在心中刻下了"信任"的基因，并生生世世流传下来。可能偶尔一次的背叛会带来短期利益，比如，某一个人通过自私自利的方式取得了一次超越别人的成绩，但从长期利益和集体利益的角度来看，一定是群体的智慧和努力才能让每一个人走向优秀。

作为班集体的一员，看到教室里的过道上有垃圾，即使不在自己座位附近，也应该主动捡起来。如果想着："离我这么远，凭什么要我捡！"一次的无视可能让你省去了一个弯腰的动作，但你心里可能会长出个小疙瘩。班级的每个人都有责任意识，能够互帮互助，这个班级和班级里所有的成员才能走得更远。

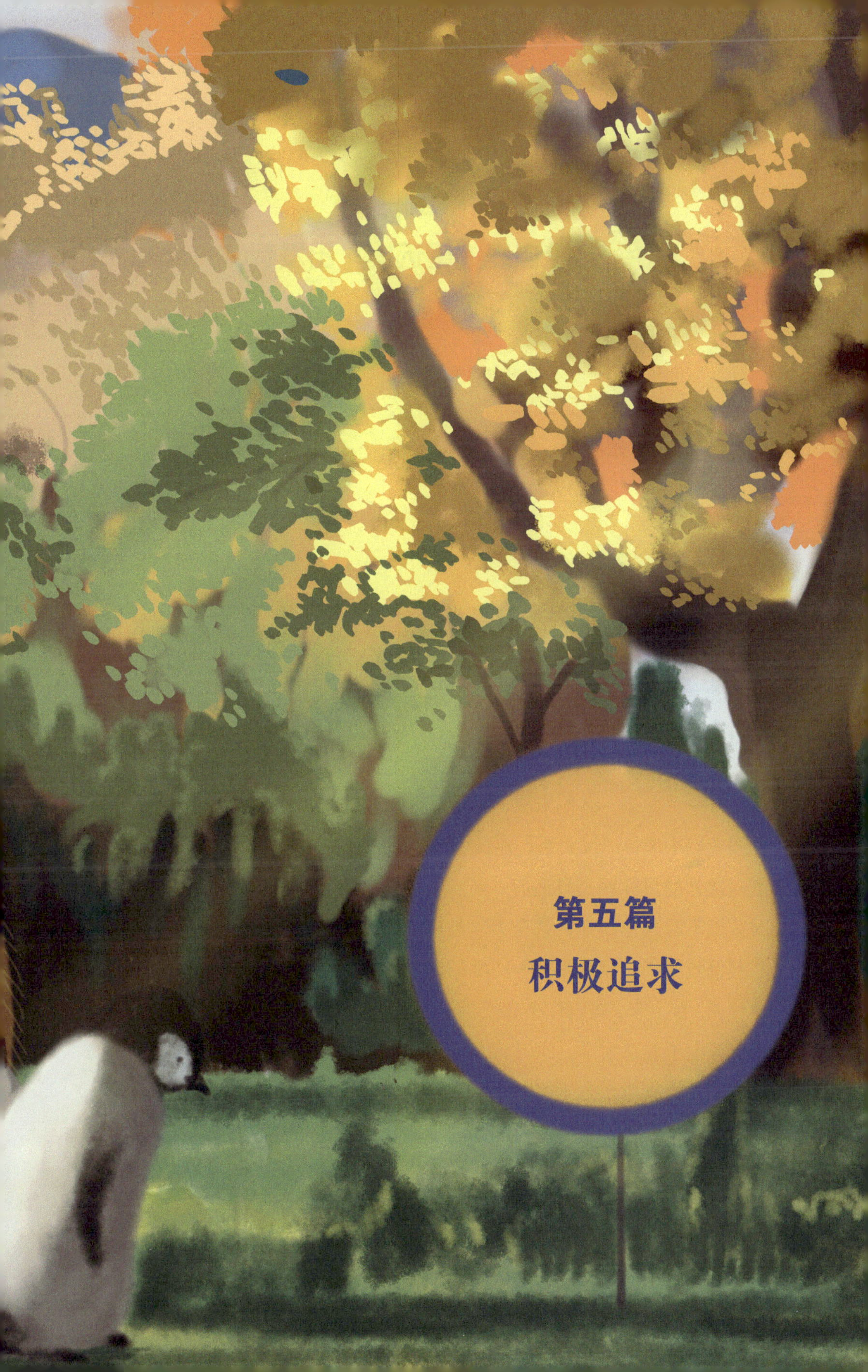

第五篇
积极追求

第十一章 目标感

第一节
带上自己的望远镜，出发！

★ ★ ★　　　　　　　　　　　　　　　　　　　　★ ★ ★

一、《论语》导读

（一）跟我读

子曰："人无远虑，必有近忧。"

——《论语·卫灵公》

（二）跟我译

孔子说："人没有长远的考虑，一定会有眼前的忧患。"

★ ★ ★　　　　　　　　　　　　　　　　　　　　★ ★ ★

二、心灵启航

有一个女孩，名叫朱成，她从小体质较弱，每次跑步她都落在最后。妈妈安慰小成："没关系，你长得最小，可以跑在最后。不过，你要记住，下一次你的目标就是只追前一名。"小成记住了妈妈的话，当下一次跑步时，她不看其他同学，就全力以赴追赶前面一名同学。结果，她从最后一名到倒数第二、倒数第三……她的跑步成绩慢慢得到提高，她也喜欢上了体育课。接下来，妈妈让小成把"只追前一名"的理念用在学习中，就这样，朱成考上了北京大学，2001 年被哈佛大学以全额奖学金录取。

朱成的成功，源于妈妈从小培养她的目标感，"只追前一名"的目标让她能脚踏实地、胸有成竹地朝前走，着眼前方，做好当下。现在，就让我们拿起望远镜，一起出发吧！

三、积极体验

（一）挑战无极限

选一件自己曾经想过要做但是没有做的事情，比如，"成为背诵小达人""成为运动小达人""成为英语小达人""成为阅读小明星"等，并为自己制订一个"挑战无极限"的计划吧！

1.我的挑战是什么？

_____

2.我准备每天挑战的时间和任务各是什么？

_____

3.如果遇到阻力，我怎么克服？

_____

4.我对自己的挑战成功率有多大信心？

_____

（二）名人故事会：村上春树

村上春树是日本著名作家，他出版的长篇小说达 14 部之多。

他不需要闹钟，每天凌晨 4 点左右便起床，时间到了就自觉睁开眼睛，吃吃早餐，喝喝咖啡，从来不刷社交网络，也很少进行社交，不睡回笼觉，立即开始工作。

他每天至少写作 5 个小时，上午 10 点前必须写满 10 页，每页 400 字，写好 10 页就坚决不写了。那如果写了 8 页，实在写不下去，怎么办？他便逼自己写满 10 页！每天大量写作，对他来说，就是日常固定要完成的事情。

这就是一名优秀作家的素养。

四、方法指南

大的目标是由一个个小的目标铺垫而成的。先通过一个小游戏，为自己设立几个小目标吧！

请在下面的四个圆圈中，列出你这一个月内要完成的四件重要事情，如学习、读书、练字、玩耍、交友、旅游。

接着，请拿出一支笔，在这四件事中画掉两项，你会选择哪两项呢？你的心情如何？

若必须再画掉一项，你的感受又会如何？如果还要再画掉一项，你又会做出什么决定？

只剩下最后一件事了，这就是你最想做的、对你来说最重要的一件大事，也是你当前的奋斗目标。

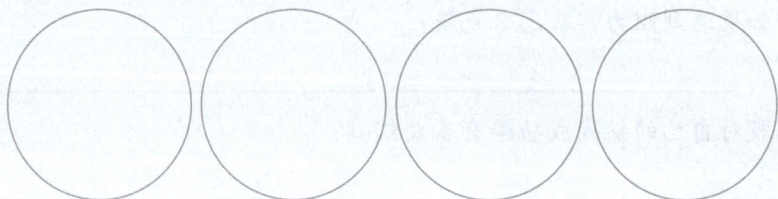

五、心理科学链接

希望感理论

1991年，著名心理学家查尔斯·斯奈德提出了希望感理论。他认为希望感包括意志和策略两个部分，一个有希望感的人不光要有意志去实现自己希望的目标，更要有一些实现自己目标的策略和方法。

与希望感有关的认知主要是学习目标。希望感能够让我们不断进步并得到提升，而那些具有学习目标的人更可能形成一种长期的、稳定的行动策略来实现自己的目标，并且随时观察自己的进步，从而不偏离行动的方向。大量的研究已经证明，学习目标与我们的成功有很大的关系。此外，不管是学术，还是体育运动、艺术、科学、商务，都与树立学习目标有很大的关系。

第二节
握紧自己手中的方向盘

一、《论语》导读

（一）跟我读

子张曰："执德不弘，信道不笃，焉能为有？焉能为亡？"

——《论语·子张》

（二）跟我译

子张说："坚守道德却不能使它发扬光大，信仰道义却不能忠实坚定，（这样的人）说他有道德呢，还是说他没有道德呢？"

二、心灵启航

李明看到同学赵虹每天早早来到学校，摆桌椅、擦黑板、打扫教室卫生，然后安静地读书学习，非常敬佩。同学们也都夸赵虹是个乐于奉献、勤奋好学的人。可是到李明值日的时候，他还是会因为贪睡而迟到。每次赵虹主动帮助同学们解决各种困难的时候，李明都会竖起大拇指说："赵虹真是一个乐于助人的好同学！"可是，当李明看到有同学遇到困难的时候，自己却不会主动上前去帮忙。

你是否也有过这样的时候呢？明明知道什么是好的，却不会主动去做，这就是子张所说的"执德不弘"；明明知晓这个道理，但在处理事情的过程中，却因为个性和情绪无法践行，这就是"信道不笃"。这简短的八个字，其实是我们在日常生活中最容易犯的错误。

三、积极体验

道义我来判

知易行难，下面的行为或想法，你是否也曾有过呢？请判断并在相应的选项下面画"√"。

1. 班集体是每一个人的集体，每个人都有责任和义务把班集体建设得更好。如果班集体遇到事情，肯定会有人做的，我先等等看，如果有人先做，我再做。

是   否

2. 有同学遇到困难，总会有人来帮他的，不一定非要我来帮他。

是   否

3. 如果听到有同学在背后说另一位同学的坏话，我不会参与，也不会去制止，假装没听见就好。

是   否

选择"是"多的同学，说明你心里知道什么是道、什么是义，但还要

像赵虹那样付出行动才行。选择"否"多的同学，恭喜你，你不仅知道什么是道、什么是义，还能够将道和义发扬光大，使之成为自己做人的准则。

请你和同学一起讨论，如果再次遇到问题中的这些行为，应该怎样做呢？

四、方法指南

想做一个"执德信道"的人吗？让我们把握好自己手中的方向盘，知行合一，朝向那个幸福的彼岸前进。

（一）微笑常常挂脸上

用一个良好的心态去面对学习和生活。

（二）看到同学、老师和长辈主动问好

做到文明待人，别人和你打招呼时，你要立即回应。

（三）不在背后议论别人的缺点和不足

如果他人有缺点，你可以当面婉转地提出来，帮助他改正和进步。

（四）珍惜并回馈身边的美好

主动帮助有困难的人。

五、心理科学链接

做个行动派

"心动不如行动"，我们要实现我们的希望，一定要主动采取行动。对希望感影响最大的因素通常是时间不够，这就要求我们一定要尽快采取行动。行动中，一个很好的办法就是能够养成习惯。习惯养成后，我们就会发现既省时，又省力，更省我们的心神。长期的目标，尤其需要有一种坚持精神。因此，养成习惯就显得特别重要。

做一个希望感强的人，首先应懂得如何正确地管理自己的时间。要给我们认为重要的目标留出更多的时间；而对于不太重要的目标，则少留些时间。合理分配时间，能帮助你驶向成功的彼岸。

第三节
推开学习这扇门

一、《论语》导读

（一）跟我读

子曰："吾尝终日不食，终夜不寝，以思，无益，不如学也。"

——《论语·卫灵公》

（二）跟我译

孔子说："我曾经整天不吃饭，彻夜不睡觉，左思右想，结果没有什么好处，还不如踏踏实实去学习。"

二、心灵启航

三国时期，吕蒙是吴国的大将。一天，孙权对吕蒙说："你现在是身当要职的指挥官，要多学习知识，充实自己。"吕蒙回答说："我要忙着处理军务，恐怕没有时间读书。""时间是要挤出来的。"孙权反驳道，并且以东汉时期汉光武帝刘秀手不释卷的故事激励吕蒙，"汉光武帝尚且如此，为什么你就没有时间呢？我让你学习知识，不是要你去研究学问，只是希望你通过读书得到一些启发而已。"

吕蒙深受鼓舞，回去之后坚持刻苦学习，手不释卷。最终成了吴国的主将，用智谋和勇气为自己国家的发展屡建奇功。

同学们，我们也会羡慕那些学习成绩优异的同学，也想成为"别人家的孩子"，但光想不做是没用的，不如脚踏实地，认真学习。推开学习这扇门，你会发现，自己不知不觉间已经变得比以前更优秀了。

三、积极体验

内心活动大揭秘

你有过以下想法吗？如果有，不加分；如果没有，加 1 分。

1. 我经常和学习好的同学一起玩，所以我不用学习，成绩自然就会好。

2. 上课时，总是幻想那个发言的同学就是自己。

3. 我从不预习，我觉得要学习的新知识，老师讲完自然就会了。

4. 错题看一眼，知道就行了，我下次肯定不会错了。

5. 放学回家就要好好休息，先玩个痛快，作业最后再说。

6. 遇到不认识的字或不会的知识，跳过去就好了。

7. 学过的知识不用复习，我肯定都记住啦！

8. 每次考试结束，我总是告诉自己现在一定要好好学习，下次考个好成绩，但慢慢就把学习这件事给忘了。

9. 头脑中总是有许多新想法，但也就是想想而已。

同学们，给自己打分了吗？分数越高，越会学习！那么，分数低，怎么办呢？别着急，敲敲学习的大门，它就会为你打开啦！

四、方法指南

掌握良好的学习方法能够让我们事半功倍，那么怎样提高我们的学习效率呢？这里有一些方法可以尝试！

（一）有计划

合理安排学习的时间和内容，明确努力的方向。

（二）要预习

阅读教材，画出重点，找到不懂的地方。

（三）会上课

专心听讲，不懂就问，积极发言。

（四）写作业

独立完成，认真检查，提高效率，养成良好的习惯。

（五）常复习

复习要及时，重点部分多下功夫。

（六）纠错误

梳理易错内容，及时订正，总结原因。

（七）稳考试

认真审题，合理分配时间，掌握答题要领，仔细检查。

五、心理科学链接

学习匠心

美国心理学教授山姆·高斯林和他的学生发现，经常进行模拟测试，其实是个很好的学习方法。模拟测试能帮助我们学习、记忆、理解、消化所学知识。因此，经常用提示卡或者尝试回答每一章节后面的问题，或者请别人考考我们，都有可能提升我们的考试成绩。

学习中，还有一个很好的方法叫作分散性学习。在不同的时候学习不同的知识，有效地分配学习时间和材料，是能够帮助我们学习好知识的方法之一。千万不要在考试之前突击复习，因为这已经是被反复证明的非常不好的学习方法。

当然，最重要的还是要有一种积极的心态。很多成就大事的人，并不一定是考试成绩最好的学生。很多优秀的人士，在某次考试中，其实得过很低的分数。

第四节
学习，是世界上最划算的事

一、《论语》导读

（一）跟我读

子曰："小子何莫学夫诗？诗，可以兴，可以观，可以群，可以怨。迩之事父，远之事君；多识于鸟兽草木之名。"

——《论语·阳货》

（二）跟我译

孔子说："学生们为什么不学习《诗》呢？学《诗》可以把人的意志、情感、艺术想象力激发出来，可以观察天地万物及人间的盛衰与得失，可以使人懂得合群的必要，可以借此表达对时事政治的见解。所以，近可以用来侍奉父母，远可以侍奉君主，还可以多知道一些鸟兽草木的名字。"

★ ★ ★ ★ ★ ★

二、心灵启航

学校里经常举行诗词大赛，彬彬一直很苦恼，课本里的诗会背就可以了，为什么还要背诵那么多没见过的诗？爸爸妈妈也总是对彬彬说要好好学习，多背一些诗，有好处。可到底为什么要学习，背诗又好在哪里呢？

几千年前，孔子就向学生们讲解了学习诗文的好处。其实，背诗的好处可多了呢！第一，背诵古诗文相当于做头脑体操，可以增强我们的记忆力；第二，熟背大量的古诗，能够让老师、家长和同学们对我们刮目相看，增强我们的自信心；第三，背诗能提高我们的语言文字能力，令我们文思泉涌；第四，文以载道，诗词中包含的知识可以提高我们的道德修养。背诗的好处很多，还不行动起来？

三、积极体验

（一）管理大师诺尔·迪奇的三个区间

按照管理大师诺尔·迪奇的理论，可以用三个区间来划分想要学习的事物。

1. 舒适区

在这个区域内，我们可以以舒适的心理状态学习对自己来说没有学习难度或者已经掌握的知识。

2. 学习区

学习区的学习内容是指有一定挑战的知识，但是只要我们愿意付出努力，就能够学会，此时我们不会很安逸，但也不会太难受。

3. 恐慌区

在这个区域内，我们心里会严重不适，因为我们需要学习的知识远远超出自己的能力范围，我们可能会感到恐慌，甚至想放弃学习。

面对同一个知识点，处于不同区间的同学们会有怎样的心理状态呢？现在有请三个同学来进行角色扮演。

温馨小提示：我们要知道，这三个区间并不是固定不变的。按照管理大师诺尔·迪奇的理论，我们可以不断学习，把学习区转变成舒适区，提高我们的竞争优势。随着认知水平的提升，我们的学习能力也会逐步提高，我们可以接受的学习区甚至可以覆盖部分恐慌区，变成舒适区。

（二）走进学习的舒适区

"积土成山，风雨兴焉；积水成渊，蛟龙生焉。"人生本身就是一个不断学习、不断成长的过程，在舒适区不断扩大的过程中，量变终究会引起质变。那么如何将恐慌区转变成学习区，将学习区转变成舒适区呢？请以小组为单位，进行组内分享和交流吧！

四、方法指南

其实，学习是世界上最划算的事。除了在校学习，生活中也处处有学问，这需要我们不断地学习与积累。当然，学习如果不讲方法，死记硬背，不仅白白浪费了许多精力，还收不到应有的效果。在这里，有几点提高学习效率的方法供大家参考。

（一）制订计划，科学详细

可以请老师、爸爸妈妈帮我们一起分析和制订科学而详细的学习计划。

（二）及时复习，提前预习

复习和预习是提高学习效果的两大法宝。我们要做到今日事今日毕，把功夫用在平时。每学完一个单元都要及时复习和巩固，可以巧用思维导图等形式串联知识点，加深印象，融会贯通，坚持每天复习和预习。

（三）睡前回忆，加深记忆

每天晚上睡觉之前，在脑海中回忆当天所学的知识，可以采用树状图等方式，帮助自己加深印象，查漏补缺。

（四）快乐学习，形式多样

读万卷书，行万里路。我们可以通过课外阅读、与同伴交流、观看知识性电视节目等方式来扩充知识面。此外，旅行采风也是非常重要的学习途径，有助于我们理解和掌握书本知识。

五、心理科学链接

成长的心态

学习成绩不是我们能力的体现，它只是我们学习态度和知识储备量的体现。所以，不要因为一次考试成绩不好，就对自己的能力产生怀疑，要怀疑的是自己所用的学习方法，以及自己对学习的重视程度。斯坦福大学心理学家卡罗尔·德韦克认为：有这样的认识才是学习成功的关键。在《成长的心态》一书中，她把那些将成绩看成是能力体现的思维习惯称为"固化心态"，而把成绩看成是阶段性行为反应的思维习惯称为"变化心态"。显然，后一种心态更利于同学们的成长。

第五节
和时间赛跑

一、《论语》导读

（一）跟我读

子在川上曰："逝者如斯夫！不舍昼夜。"

——《论语·子罕》

（二）跟我译

孔子在河边感叹说："消逝的时光就像这河水一样啊，不分昼夜地向前流去。"

二、心灵启航

相信每个同学都能背出很多珍惜时间的名言和诗句。正如孔子所说，自然界、人世间、宇宙万物都像河里的流水，都是逝者，昼夜不停地流去，再也不回返。古希腊哲人说："濯足急流，抽足再入，已非前水。"而李白在《将进酒》中也说："奔流到海不复回。"

在《和时间赛跑》一文中，台湾作家林清玄写下了这样的句子："虽然明天还会有新的太阳，但永远不会有今天的太阳了。我看到鸟儿飞到天空，它们飞得多快呀！明天它们再飞过同样的路线，也永远不是今天了。或许明天飞过这条路线的，不是老鸟，而是小鸟了。"

所以，珍惜生命中的每一分钟，让我们和时间赛跑，让每一分钟都过得有意义！

三、积极体验

"一分钟"的实验

1. 挑战一分钟

这里有几个有意思的游戏，但是需要我们先静坐一分钟，在这个过程中感受一分钟的长短。好，现在开始。

一分钟写字：你能写多少个字呢？

一分钟朗读：你能朗读多少个字呢？

一分钟捡豆豆：在一分钟的游戏时间内，把袋子里的豆豆捡出来，放入另一个袋子里，请注意边捡边数，一分钟到了立刻停下来，把结果记录在纸上。

2. 交流一分钟

你有没有发现，静坐等候的一分钟和我们活动的一分钟，感受是不一样的？快和同学交流一下你的感受吧！

3. 体验一分钟

再次进行"一分钟捡豆豆"游戏，看看这一次的成绩会不会比刚才好。

好，现在一分钟过去了，对比结果，你发现了什么？为什么会出现这样的结果呢？

四、方法指南

同学们，如果按每天睡眠 9 小时来计算，我们一天中只有 15 个小时的清醒时间，也就是 900 分钟，而在一年中，清醒时间大概为 328500 分钟。那么，我们应该怎样实现时间利用的最大化，让每一分钟都非常有意义呢？这里有一些小诀窍，我们可以试一试！

（一）设定最低标准

前面的一分钟活动已经让我们了解到自己可以完成任务的速度和数量，请以此为最低标准制订计划，不断挑战自我。

（二）不断追求进步

重复完成相同或者类似任务的时候，请告诉自己：我是追求进步的学生，每次进步一点点，日积月累，我们就会有大成长。

（三）"五步走"助学习

放学后，按照放松、复习、作业、预习、阅读的"五步走"方法有效利用时间，提高学习效率与质量。

（四）今日事，今日毕

今天的事务必今天完成，不要拖到明天。

五、心理科学链接

未来时间观

心理学家菲利普·津巴多在关于未来导向时间观的研究中发现，有未来时间观的人生活更加健康，能更好完成任务，是问题解决者，能持之以恒，能从失败中学习，能避免社会诱惑。但过分专注未来可能适得其反，因为有未来时间观的人愿意为了成功而牺牲家庭和朋友。追求超高效率、分秒必争且有未来时间观的人有很强的时间紧迫感和危机感，无法体验生活的乐趣。

第六节
我是掌舵"航海家"

★·★★   ★★★

一、《论语》导读

（一）跟我读

子曰："三军可夺帅也，匹夫不可夺志也。"

——《论语·子罕》

（二）跟我译

孔子说："一国军队，可以夺去它的主帅；但一个人的志向是不能被强迫改变的。"

★★·★ ━━━━━━━━━━━━━━━━━ ★★★

二、心灵启航

"每天上学、放学、写作业，日子过得真无趣。"过去的笑笑常常向小伙伴这样抱怨。有一天，老师组织了关于梦想的班会课，同学们纷纷写下心中理想的职业，笑笑没发言，而是在心里默默地想："我是什么样的人？我想成为什么样的人？"尽管思绪万千，带着这些疑问，笑笑对于未来还是有了些许期待。

孔子对于"志"非常重视，甚至将它与三军之帅相比。每个人都有自己的独立人格，任何人都无权侵犯。人应维护自己的尊严，不惧威胁，不受利诱，始终坚持自己的"志"。这里的"志"也可以理解为"理想"或者"意义感"。要如何专注听起来好似虚无缥缈、难以捉摸的"志"呢？我们不妨先尝试不加评判地去感知这个世界，注意周围所发生的一切，用心去发现、觉察和体会。

子曰："三军可夺帅也，匹夫不可夺志也。"这句话里的"匹夫"要怎么理解？过去"匹夫"泛指平民百姓，主要指男子。那么，如果我们要与时俱进地给这个词赋予新的定义，要怎么解释会更好呢？大家开动脑筋，回家和爸爸妈妈讨论一下这个问题吧！

三、积极体验

（一）体验冥想

1. 正念冥想

播放轻音乐，坐好，闭上眼睛，放松身体，先做几个深呼吸，再慢慢地过渡到正常呼吸。观察自己的呼吸声，感知身体的变化，觉察周边细微的声音、空气的味道和温度。

2. 分享交流

在小组内分享正念冥想给自己带来的感受、在冥想过程中自己头脑中的想法、注意力集中于什么等。

冥想指导语： 找一个最轻松舒服的姿势坐好。让我们先来观察一下周围的事物，看看书桌的颜色，听听风声、路边的交通声，闻一下空气的味道。深深地吸气，呼气。再来一次，吸气，呼气。好，现在慢慢闭上眼睛。吸气，呼气。把注意力放在自己的呼吸上。吸气，呼气。体会身体的感受，顺其自然。吸气，呼气。聆听周围细微的声音。吸气，呼气。即使思绪飘到了其他地方也没有关系，不需要责怪自己，这很正常。我们再回到自己的呼吸上。呼吸的时候，如果注意力难以集中，可以尝试着数数，吸气1，呼气2。冥想时间：5—10分钟。

（二）畅想自己的未来

假如经过多年的努力，莎莉博士终于成功地发明了时光机。你坐上时光机，穿梭到了 10 年后，看到一个你从未见到过的新世界。走在大路上，你欣赏着飞行的节能汽车、街角超市的机器人售货员和其他有趣的新鲜事物，心情好激动。等会儿就要去见 10 年后的你了，未来的你会是什么样子，你要对未来的自己说些什么呢？

如果要给 10 年后的自己写一封信的话，你会写什么？

四、方法指南

你是一个善于觉察周围的人吗？觉察周围就是以开放的态度去观察身边的事物。例如，观察放在桌面上杯子的形状、天空的颜色、路上形形色色的人。

（一）挖掘内在

顺其自然地觉察自己的各种思想、情绪，聆听风吹过一片森林的声音，不要进行评判。思想可以是具体的或抽象的，感觉可以是舒服的或不舒服的，情绪可以是消极的或积极的。将这些感知到的内容以画画或日记的方式记录下来。

（二）面对未来

闭上眼睛，想象未来的样子。理想中的我是什么样子？现在的我和理想的我有什么差距？为了缩小这些差距，我可以做些什么？

五、心理科学链接

专念修行

美国心理学家卡巴金提出的专念修行有两种常见的方法：观修和止修。

观修是一种开放式监控，如葡萄干练习。取一颗葡萄干，将它放在手中，仔细观察一分钟。用眼睛观察葡萄干的形状，用手指触摸葡萄干的表面，感觉它的褶皱，然后用鼻子去闻葡萄干的气味。最后，把葡萄干放入口中，咀嚼品味。

止修是一种注意聚焦的修行，将注意力集中在特定目标上，及时察觉心理游离与分心物，并将注意力拉回来。

留意新事物，积极寻找差异。无论是关于你自己的，还是关于周边环境的，只要是新的、不一样的发现，就会将你置于"当下"的状态，让你对人和环境重新敏感起来，留意新的可能性，形成新的视角。

第七节
学习是我的超能力

一、《论语》导读

（一）跟我读

子曰："我非生而知之者，好古，敏以求之者也。"

——《论语·述而》

（二）跟我译

孔子说："我不是生来就有知识的人，而是爱好古代的文化，勤奋敏捷地去求得知识的人。"

二、心灵启航

每次想到学习，小东都会觉得肩上的担子很重，他常常想，如果天天都是假期就好了。而小东的同桌小兰，学习一直充满冲劲，这让小东百思不得其解。有一天，小东问："小兰，是什么让你这么喜欢学习呢？"小兰回答道："学习好玩啊，就像玩游戏一样。这个世界上有那么多有趣的知识等着我们去发现呢！"她的回答让小东若有所思。

三、积极体验

（一）画一棵智慧大树

1.请同学们来画一画智慧大树，大树需要包括树根、树干、叶子三个部分。在树干上写下自己未来希望从事的一个职业（如医生）。在树根上写上代表这些职业所需要的品质、技能和文化知识（如了解人体结构，懂得不同药物的治疗作用，对待病人耐心负责等）。思考这些职业如何能够改善我们的生活，然后在茂盛的树叶上写下它们为社会带来的好处（如减轻患者的病痛，帮助人们保持健康等）。

2.和同学们分享自己画的智慧大树吧，说一说自己这样画的理由。

（二）情境分析：棋手和棋盘

你见过专业的下棋比赛吗？在赛事中，专业棋手能够快速识别棋局中不同的策略和模式，并迅速在脑海里闪现最佳的应对策略。真正的象棋大师能够自动化识别出的下棋模式多达 5000 ~ 10000 种。

心理学家曾做过这样一个实验：桌面上放着两个棋盘，左边棋盘上是一场真实的棋局，右边棋盘上则是随机摆放的棋子。专业的棋手只需看一眼就能记住左边棋盘上每一个棋子的位置，而在记忆右边棋盘上随机摆放的棋子位置时，专业棋手的表现并不比新手好。

小组讨论：为什么棋手会有这样的表现？这个实验给我们什么启发？

四、方法指南

想一想：闭上眼睛，想象如果整个宇宙所包含的知识和智慧都用一个圆来衡量，这个圆会有多大？再想象一下，目前我们所拥有的知识，同样用一个圆来表示，这个圆又会有多大？

画一画：下节课是什么科目呢？请在下节课结束后，绘制关于下节课学习内容的思维导图，形式不限，可以是金字塔状，或树状，也可以是地图。

看一看：观察你画的思维导图，导图包含的知识与其他学科有什么联系？与我们的生活又有什么联系呢？

五、心理科学链接

好奇心

在20世纪之交，美国哲学家和教育家约翰·杜威认为，好奇心是思考的自然资源，孩子天生的好奇心是他们学习经历的基础。好奇心程度不同，会直接导致学习效果有差别。有关研究发现，对学生来说，好奇心与思考有着积极的联系，积极的思考进一步强化记忆，并与考试成绩有着密不可分的联系。

第十二章　价值感

第一节
我和世界

一、《论语》导读

（一）跟我读

子夏曰："事父母，能竭其力；事君，能致其身；与朋友交，言而有信。"

——《论语·学而》

（二）跟我译

子夏说："侍奉父母，能够竭尽全力。服侍君主，能够献出自己的生命。同朋友交往，说话诚实，恪守信用。"

二、心灵启航

每个孩子从呱呱坠地的那一刻起，就是这个小小星球上的一分子了，没有人是能够孤立地存在于这个地球上的。地球给予我们生存的资源，父母给予我们生命与关爱，朋友给予我们友情和欢乐。我们要学会逐步建立与这个世界的连接，与他人、社会、自然建立友好关系。

三、积极体验

（一）制作大风车

1.请动手制作一个大风车吧，风车上有三扇叶片，分别代表着他人、

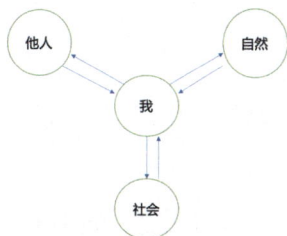

社会和自然。这三者既是整个风车的重要组成部分，也时刻影响着位于中心点的"我"。

2.和同学们分享自己制作的风车，说说看，为什么每扇叶片都必不可少。

（二）生命的往返票

你有过买票的经历吗？出门时，我们除了买去程的票，也总是会买回程的票。我们与这个世界的关系亦是如此，有来有往。下面有请同学们在通向世界的往返票上写下自己想说的话。

他人（家人、同伴、老师）给予了我 _____

我能够回馈给他人（家人、同伴、老师）_____

社会给予了我 _____

我能够回馈给社会 _____

自然给予了我_____

我能够回馈给自然_____

四、方法指南

如何让连接我和世界的大风车呼呼转？如何与他人、社会和自然建立友好关系？可以试试看这几个小妙招！

（一）与自己

尊重自己。每天对着镜子说："我是有价值的人，我是值得被爱的人"。

（二）与他人

尊重并包容他人，敢于承担家庭责任，帮助父母做一些力所能及的小事。

（三）与社会

勇于承担社会责任，不触犯法律。

（四）与自然

爱护动物和植物，节约能源，做垃圾分类小达人。

五、心理科学链接

世界是连续的、整体的，还是分隔的、具体的？

西方文化在很大程度上认为，世界是由一些间断的具体单元所组合起来的整体，哲学上叫作结构主义，就是相信世界是由很多具体的、实实在在的、细小的单元组合起来的一个整体世界。这些单元之间的联系由各个具体单元本身的特性决定。但是，东方文化强调自然的连续性，每一个具体的单元不可避免地与其他单元相联系，而且这种联系整合起来就是一个自然的整体。因此，东方人认为自然是一个连续的整体，而不是具体单元的组合。

第二节
挑战，还是威胁？

⭐ ⭐ ⭐ ⌁⌁⌁⌁⌁⌁⌁⌁⌁⌁⌁⌁⌁⌁⌁⌁⌁⌁⌁ ⭐ ⭐ ⭐

一、《论语》导读

（一）跟我读

子畏于匡，曰："文王既没，文不在兹乎？天之将丧斯文也，后死者不得与于斯文也；天之未丧斯文也，匡人其如予何？"

——《论语·子罕》

（二）跟我译

孔子被匡地的人围困时，他说："周文王去世以后，周代的礼乐文化不都体现在我的身上吗？上天如果想要消灭这种文化，那我就不可能掌握这种文化了；上天如果不消灭这种文化，那么，匡人又能把我怎么样呢？"

⌁⌁⌁⌁⌁⌁⌁⌁⌁ ⭐ ⭐ ⭐ ⌁⌁⌁⌁⌁⌁⌁⌁⌁ ⭐ ⭐ ⭐

二、心灵启航

一个人应当有坚定的信念和坚强的自信心。在外游说时，孔子常常遭到围困，这次同样如此，孔子在危急时刻，没有考虑个人安危。他认为，自己是古代文化唯一的继承者和传播者，应当以舍我其谁的勇敢精神，当仁不让地承担起这一历史重任。

问题于关键之时最能考验人的意志，思考其对自己究竟是挑战还是威胁。此时，秉持信心、决心、责任心尤为重要。

三、积极体验

（一）我的学习量尺

1. 请同学们回想一下自己近期的学习目标，假如要在0—10的刻度尺上标记出自己要达到这个目标的信心程度，你会标记在哪个位置？

2. 思考一下，为什么你会选择这个"长度"，如果想要让这个"长度"加长的话，可以怎么做？

（二）这是挑战，还是威胁？

1. 小绿在一次数学考试中没考好，变得不那么自信了，十分担心下次的考试。结果第二次的考试也没考好，这下小绿更没信心了。

2. 小黄在一次数学考试中超常发挥，充满了自信，觉得下一次的考试对自己来说是个新的挑战，于是更加努力学习。结果第二次的考试成绩也很不错，这下小黄的信心更足了。

3. 小蓝在一次数学考试中没考好，变得不那么自信了，觉得下一次的考试对自己来说将会是非常大的挑战，于是下定决心，刻苦努力。结果第二次考试成绩很不错，这下小蓝又有了自信心。

读完上面的三个故事，讨论一下，为什么小绿和小蓝第一次考试都没考好，第二次的考试却会有不同结果呢？

四、方法指南

如何提高完成某些特定任务的信心呢？我们可以参考心理学家阿尔伯特·班杜拉的方法，从以下四个方面来提升。

（一）代理体验

当看到与自己相似的人在某项任务中成功时，我们会相信自己也可以做到。因此，我们可以多观察与自己水平相似的同学，分析他们如何在某些任务上比我们做得更好。

（二）唤醒

情绪和生理状态会影响我们完成某个任务的信心。在高度紧张和焦虑的情况下，可以试着多做几个深呼吸来缓解这种情绪。

（三）言语说服

请家人和朋友用语言的力量为你加油、鼓劲，提高信心，例如，"你可以的！""你没问题的！"。

（四）总结过去的成功经验

如果觉得完成任务的难度太大，可以重新审视一下自己近期的目标，看它是不是与自己的水平相当。

五、心理科学链接

我能行！

心理学家认为，自信往往体现在三个方面。

第一，认知方面。自信的人在判断、分析、认识事物时有一种比较强烈的积极、乐观甚至偏高的估计，对平常人认为不可能的事情却觉得可能，对别人做有难度的事情却觉得不难。这是认知方面的自信。

第二，情感方面。自信的人永远有一种向上的、快乐的、积极的心态。

第三，行为方面。自信的人在行动上一般是愿意做事情、愿意跟人来往、比较外向、比较喜欢尝试、冒险的。

心理学家莎莉·泰勒做过一系列研究，发现自信的癌症病人要比不自信的癌症病人多活很长时间，自信的年轻人在 20 年内赚的钱要比不自信的年轻人多一倍。

自信是一种非常好的品质。所以，同学们，请相信自己，你能行！